인도하심

주님을 향한 온전한 목적을 발견해가는 안내서

인도 하심

레이 앤 오틀런드 공저

LORD, MAKE MY LIFE A MIRACLE!
주님, 제 삶을 기적으로 만들어주세요!

나침반

서문

"주님, 제 인생을 기적으로 만들어주세요"

보드맨 앤 홀맨 출판사의 편집장님과 저희 부부가 저녁 식사를 함께 한 적이 있습니다. 그 자리에서 저는 "구약성경에 유명한 야베스의 기도가 있다면, 제 남편인 레이 오틀런드 목사님도 자신만의 기도가 있어요"라고 말씀드렸습니다. 그리고 이 책에는 오틀런드 목사님의 이름만 저자로 올려야 한다고 두 분을 설득했습니다.

"주님, 제 인생을 기적으로 만들어주세요."

저는 제 양손을 식탁 위로 쭉 뻗었습니다. 이 말은 사실 우리 모두의 간곡한 기도이기도 하지만, 사춘기 이후 오틀런드 목사님이 줄곧 간절히 이렇게 기도해 왔기 때문에 그분이 이 책의 저자인 것이 당연합니다.

물론 저도 이 책이 나오기까지 뒤에서 물심양면으로 내조했습니다. 이것이 바로 저희 부부가 사역하는 방식입니다. 지금까지 저희 두 사람 공저로 또는 각자의 이름으로 스물여섯 권의 책이 출간되었습니다. 그러나 이 기도는 오틀

런드 목사님의 기도이기에 목사님 이름으로 출간해야 한다는 것이 제 생각입니다.

목사님이 "천국의 휴식"이라는 라디오 프로그램 진행자로 알려졌을 때, 그 프로그램의 음악을 담당하던 우리 사위 월트 하라(Walt Harrah)는 '하나님, 제 인생을 기적으로 만들어주세요'라는 제목의 찬양을 만들었고, 4인조 밴드가 그 프로그램에서 이 찬양을 자주 부르곤 했습니다.

한번은 오틀런드 목사님의 목회 40주년을 기념하기 위해 사백 여 명의 성도들이 깜짝 파티를 열어준 적이 있었습니다. 이때도 성도들은 잊지 않고 "하나님, 제 인생을 기적으로 만들어 주세요"라고 쓰인 커다란 현수막으로 한쪽 벽을 장식했었습니다.

그렇습니다. 우리 목사님은 이 기도로 또 이 책 제목으로 더 잘 알려지게 되었습니다.

이 책의 앞부분은 목사님에 관한 이야기입니다. 목회자로서 교회가 기적

의 한 가운데 서기까지 겪었던 고난과 온전한 성령의 역사하심에 대해서 소개하고 있습니다. 그리고 하나님께서 목사님을 도구로 사용하셔서 '가장 먼저 해야 할 세 가지'에 초점을 맞추도록 하신 일화가 기록되어 있습니다.

제가 이렇게 제 입장을 설명 드렸음에도 불구하고 목사님은 부드럽지만 완강하게 제 의견을 거절하셨습니다.(저를 너무 사랑하셔서 항상 저를 연관시키고 싶으셨나 봅니다.) 우리의 언쟁을 지켜보시던 게리 편집장님은 닭살커플이라고 놀리면서 그만 좀 하라며 냅킨을 던졌습니다.

이렇게 해서 2대 1로 상황은 종결되어 결국 이 책의 겉표지에 우리 부부 이름이 나란히 들어가게 되었습니다.

하나님께서는 목사님의 삶을 통하여서 많은 기적을 보여주고 계십니다. 그 중 하나가 바로 우리 두 사람이 함께 쉬지 않고 주의 일을 할 수 있도록 때로는 강하고 때로는 부드럽게 인도하십니다.

하나님은 이 책을 읽는 독자 여러분을 기적의 주인공으로 만들 놀라운 계획을 가지고 계십니다. 이 책을 통해 '우선순위 세 가지'를 소개했을 때, 백만 독자들이 읽고 큰 감동을 받았습니다. 아쉽게도 오늘날 젊은이들은 이 세 가지 원칙에 대해서 잘 모르고 있습니다.

이 세 가지 원칙은 온전히 성경에 근거를 둔 것이며, 우리의 일상생활과 밀접한 관련이 있는 것으로 그 어느 것보다도 꼭 필요한 원칙입니다.

모쪼록 이 책을 읽고 '우선순위 세 가지'를 여러분 삶에 적용시키시기 바랍니다. 그리고 "하나님, 딱 한번 밖에 없는 인생입니다. 저를 죄 가운데서 구원해주시사 주님께 더 가까이 나아갈 수 있도록 도와주세요. 하나님! 제 인생을 기적으로 만들어 주세요"라고 기도하기 바랍니다.

앤 오틀런드

"주님의 헌신자들이 되게 하소서"

2학기가 시작될 무렵의 어느 해 가을 저는 캘리포니아 파사덴나 지역에 위치한 "리버사이드 연합교회"에서 시무하고 있었습니다.

그 당시 우리 교회는 "위대한 복음교회"의 방침을 따르고 있었습니다.

교회 방문자들은 우리 교회의 "적극적 선교활동"과 "좋은 청소년 프로그램"에 대해 좋은 말씀을 한마디씩 해주곤 했습니다.

그러나 제 마음 한편은 편치 않았습니다.

새신자들을 위한 "양육 프로그램"이 제대로 마련되어 있지 않았으며 고난을 이겨낼 수 있는 승리 찬양에 관심이 별로 없었습니다.

수 없이 많이 이 문제에 관해 고민하면서 저는 "절대 평범한 목회자는 되지 않겠다"고 제 스스로에게 다짐했습니다.

설교 도중에 "저는 그저 그런 목회자는 되고 싶지 않습니다"라고 성도들 앞에서 말한 적도 있습니다.

그러던 어느 날, 유명한 영성운동가인 수도사 토마스 켈리(Tomas Kelly)의 책을 읽던 중 어느 한 구절에서 심장이 멎을 것 같은 느낌을 받았습니다.

　그것은 바로 "주여! 제 인생을 기적으로 만드시옵소서" 라는 그분의 기도였습니다.

　오! 하나님! 바로 이것입니다.

　하나님은 기적의 하나님이시며 제가 바로 그 하나님 안에 거하고 있습니다.

　왜 제 인생이라고 기적이 될 수 없겠습니까!

　왜 저라고 기적을 일으키는 방법을 다른 사람들에게 알리지 못하겠습니까!

　저는 곧 가까운 형제, 자매들을 모아 기도를 부탁했습니다.

　함께 의논했습니다.

　그리고 제 고민을 나누었습니다.

　(제가 이분들을 얼마나 아꼈던지요. 그분들은 또 얼마나 손발이 잘 맞았던지요.)

　우리는 함께 모여 어떻게 하면 성도들에게 '주안에서 기적의 주인공이 될 수 있는 방법' 을 효과적으로 알려줄 수 있을 지에 대해서 고민하고 아이디어를 모

았습니다.

하나님께서 예비해주신 이분들은 매우 의욕적이었고 제게 큰 도움을 주셨습니다. 저는 이분들을 사랑합니다.

우선 우리 교회에서 실행하고 있던 기존의 성도 등록제를 없애고 성도들에게 진정으로 원하는 사람에 한해 새롭게 등록하도록 하는 것에 대해서 생각해봤습니다.

(마치 앨라모 전투에서 전투에 참가할 사람들은 이 선을 넘어 오라고 한 것처럼 우리의 각오는 비장했습니다.)

우리는 매주 만나서 많은 의견을 나누었습니다.

여러 많은 의견 중에서 종종 금같이 귀한 몇 가지 의견을 어렵사리 얻을 수 있었습니다.

우리 하나님은 기적의 하나님이십니다.

"너는 내게 부르짖으라. 내가 네게 응답하겠고 네가 알지 못하는 크고 비밀한 것을 네게 보이리라"(렘 33:3)

몇 주 후, 10월 첫째 주일 새벽기도에 참석한 성도들에게 "제게 계획이 있습니다"라는 제목으로 설교를 했습니다.

그리고 결론부분에서 이렇게 말했습니다.

"우리는 변화의 시기에 서 있습니다.

한 가족과 같은 성도 여러분! 우리는 새롭게 다시 시작해야 합니다.

저와 함께 다음의 세 가지 약속을 지키는데 동참하지 않으시겠습니까?

먼저 제 이름을 서명하겠습니다.

첫째, 지금 여러분이 신앙적으로 어떤 단계에 있건 예수 그리스도안에서 하나님의 자녀로서 다시 마음을 새롭게 하십시오.

그리고 지금부터 오는 부활절까지 매일 하나님 말씀을 읽고 묵상하는 시간을 가지셔서 온전히 여러분 자신을 하나님 앞에 내려놓으시기 바랍니다.

둘째, 정기적인 모임을 갖는 소모임에 참가하여 그리스도의 몸 된 교회에서 봉사하십시오.

될 수 있으면 서로 영적인 성장을 의탁하고 이에 대해 책임의식을 가질 수 있을 만큼의 소규모이면 좋겠습니다.

이를 위해서 지금부터 오는 부활절까지 세 명에서 다섯 명의 믿음의 형제, 자매들과 매주 모임을 가지시기 바랍니다.

일주일의 기한을 드리겠습니다. 그 안에 소모임을 구성해서 다음 주 오후 3시에 이 성전에서 여러분의 새로운 소모임 구성원들과 만납시다.

셋째, 여러분이 현재 하시고 계신 일에 그리고 소속된 조직에서 최선을 다하시어 주님의 증인이 되는 삶을 사시길 바랍니다.

이를 위해 보다 구체적으로 다음 부활절까지 적어도 한사람 이상 주님 앞에 인도하시기 바랍니다.”

이렇게 말한 후, 저는 성도들에게 "만일 여러분이 제가 지금 열거한 순서대로 이 세 가지를 지킬 의향이 있으시면 받으신 카드에 여러분의 이름을 적어주시기 바랍니다"라고 말했습니다.

2부 예배 전에 하나님께서는 이 운동에 가입한 성도들을 위해 기독교 철학자 엘톤 투르블러드(Elton Trueblood)의 책에서 따온 "주님의 헌신자들"이라는 이름도 주셨습니다.

감사기도를 드리면서 저는 1부 새벽 예배 때 이 운동이 무엇인지 잘 알지 못하고 가입한 성도들을 축복했습니다.

제 아내인 앤(Anne)을 제외하고 그 어느 누구도 제가 얼마나 간절하게 하나님께 매달렸는지 모를 것입니다.

"하나님! 만일 이 운동에 500명도 서명하지 않는다면 저는 이 리버사이드 교회를 떠나겠습니다"라는 기도를 했습니다.

월요일은 목회자인 우리에게 휴일인지라 교회근처에 특별히 나올 필요가 없었습니다. 그러나 나는 교회로 발걸음을 옮겼습니다.

'내가 할일이 있었던 건 아닌가, 그렇지 않나?'

저는 제 비서인 버지니아(Virginia)의 사무실을 흘끗 쳐다보았습니다.

저를 본 그녀는 밝게 웃으면서 '주님의 헌신자들'에 가입한 등록카드 한번 보시겠어요?'하며 제게 카드 더미를 보여주었습니다. 쌓여 있는 카드 더미는 한 눈에도 많아 보였습니다.

자그마치 모두 600장이었습니다!

하나님은 우리들의 이 작은 운동을 통하여 과연 무엇을 이루기 원하시는 걸까요?

아무것도 아닌 것처럼 보일 수 있습니다.

그렇다면 돌을 쌓아 재단을 만드는 것도 양을 번제물로 바치는 것도 과연 그럴까요? 우리 교회에서 시작한 이 운동은 잔잔한 개울물처럼 시작하여 결국은 전 성도들에게 퍼져 큰 물줄기를 이루었습니다.

그리고 '주님의 헌신자들' 이라는 말이 사그라질 때까지 수년 동안 이 모임의 추종자들은 계속해서 늘어났고, 교회는 '주님의 헌신자들' 운동본부로 더 많이 알려졌습니다.

물론 동전에 앞뒷면이 있듯이 '주님의 헌신자들' 에 대해서도 반대하는 사람들 못지않게 열렬히 지지하는 사람들과 새롭게 동참하는 사람들이 있었습니다.

우리가 다짐한 세 가지 약속은 예수 그리스도의 지체로서 주님 안에 살고 있는 많은 크리스천들에게 삶의 방침을 제시하여 준 것입니다.

이 세 가지 약속은 다소 단순한 것으로 여겨질 수 있으나 생활 속에서 이것을 지킨다면 엄청난 변화를 불러일으킬 수 있습니다.

　이것은 지극히 성경적이며 시대와 문화를 초월한 기본적인 내용을 담고 있습니다.

　이 세 가지 귀한 약속이 저의 삶을 바꾼 것처럼, 여러분의 인생도 바꿀 수 있습니다.

　"우리 인생의 우선순위는
　첫째, 예수 그리스도
　둘째, 예수 그리스도의 몸 된 교회
　셋째, 예수 그리스도께서 죽기까지 사랑하셨던 이 세상입니다.

　이 책에서 저는 여러분에게 이것이 의미하는 바를 자세히 알려드리겠습니다.

레이 오틀런드

차 례

CONTENTS

- 서문 4
- 이 책이 쓰여진 동기 8

마음을 다시 한 번
하나님께 드리기로 약속하십시오

제가 이렇게 여러분들께 권고하면 "물론이지요. 당연히 그렇게 해야지요"라고 주저함 없이 대답할 것입니다.

"제가 12살 때 예수그리스도를 영접해서 이제는 꽤 성숙한 신앙인인 걸요. 이제 본론으로 들어가볼까요. 동료, 결혼, 가정, 라이프스타일 그리고 요즘 사람들이 재미있어하는 것에 대해 이야기해봅시다"라고 말할 것입니다.

잠시 만요! 이제 그만! 진정하세요! 잠시 생각해봅시다!

오늘날 수많은 크리스천들이 안타깝게도 지극히 근시안적인 시야로 가까운데 있는 것에만 관심을 쏟습니다.

여러분의 시야를 한번 먼 곳으로 옮겨보지 않겠습니까? 아름다운 찬양을 부르는 천사들에게 둘러싸여 높은 보좌 위에 앉아 계신 하나님을 바라보지 않겠습니까? 한번만이라도 높은 곳을 바라보십시오.

여러분이 그동안 얼마나 세상적이었는지 깊이 깨닫게 될 것입니다.

바쁘게 제자리에서 아둥바둥하는 친구들과 자신을 구별 지으려 할 것입니다.

그리고 하나님 앞에 나와서 "하나님! 제 입술이 부정하였고 입술이 부정한 사람들 중에 거하였습니다"(사 6:5 참조)라고 울부짖으며 기도할 것입니다.

절대자이신 하나님의 눈은 여러분을 정죄치 않고 깨끗케 하실 것입니다.

하나님의 성령의 불은 여러분의 추악함과 더러움을 태워 버리실 것입니다.(예! 성도들이 귀담아 들었으면 합니다.)

이때 여러분은 참 자유함과 깨끗케 됨과 동시에 주체할 수 없는 기쁨을 느끼게 되어 하나님께서 여러분을 쓰시고자 부르실 때 비로소 쓰임 받을 준비가 되어 있을 것입니다.

두 번째로 그리스도의 몸 된 교회를 위해 헌신하고,

세 번째로 지금 세상에서 하고 있는 여러분의 일에 최선을 다하십시오.

첫 번째로 해야 할 일인 하나님께 헌신하는 일을 우습게 여기지 말기 바랍니다.

이것이야말로 바로 최우선적으로 해야 할 중요한 일입니다.

사랑하는 형제, 자매여! 이것이 바로 여러분이 개인적으로 다메섹 동산에서 하나님을 만나는 역사적인 일이 될 것입니다.

1장

하나님과 동행하는 삶 시작하기

갈릴레오가 지구의 중심에 관한 진리를 발견했을 때, 이전까지의 모든 과학적 사실들을 수정해야만 했습니다.

진리라고 믿어왔던 것이 이 새로운 사실 앞에서 재구성되어야 했던 것입니다.

마찬가지로 하나님 안에서 우리 삶의 진정한 중심을 발견했을 때, 이전까지의 모든 우리의 삶도 이 사실에 따라 수정되어야 할 필요가 있습니다.

어떤 분들은 우리가 해야 할 가장 기본적인 일은 믿지 않는 영혼을 전도하는 일이라고 합니다.

이는 바로 제 소망이기도 합니다.

하나님 말씀대로 살고 그 안에 온전히 거하면서 다른 사람들에게도 이 기쁨을 알려 주고 싶습니다.

토마스 켈리는 이렇게 기술했습니다.

"우리의 믿음이 연약할 때에 불행, 불안, 초조, 억압, 긴장을 느낀다. 삶의 위기 가운데 속삭이는 희미한 목소리가 더 나은 삶이 있다는 것을 알려준다.

우리는 모두 저편 어딘가에 보다 풍요롭고 심오한, 절대 안정과 평화와 능력 있는 삶이 존재한다는 것을 알고 있다.

우리가 그 삶의 한 가운데로 들어갈 수만 있다면! 모든 소리의 근원지인 절대 고요함을 찾을 수만 있다면!"

어느 해 여름 휴가동안, 저는 우연히 현대 퀘이커 교도(영성운동가)라 할 수 있는 토마스 켈리의 글을 읽게 되었습니다. 그의 글들은 현대 복음주의자들에게 들을 수 없는 특별한 것으로 제 마음에 감동을 주었습니다.

저는 켈리가 언급했던 조지 폭스(Gerge Fox)를 비롯한 13세기의 초창기 퀘이커 교도들에 대해 찾아보았습니다. 저는 항상 하나님의 중심에 대해 믿어왔고 그 이론에 대해 가르쳐왔습니다.

패커(J. I. Packer)와 존 파이퍼(John Piper) 그리고 다른 학자 역시 하나님의 중심성에 대해 알기 쉽게 잘 설명하고 있습니다.

그러나 '하나님 안에 온전히 거하는 삶을 사는 방법을 알기 위해서는 「하나님의 임재의 연습」이라는 책을 쓴 로렌스 형제(Brother Lawerence)와 같은 초기 교회 수사들 또는 퀘이커 교도들의 글을 찾아봐야 합니다.

오늘날 우리는 매우 바쁜 삶을 살고 있습니다.

그래서 예수 그리스도를 사랑하지만, 그 안에 오래 머무르는 것은 꺼려합니다.

하나님의 용서에 대해 말하기는 즐겨하지만, 오랜 시간 하나님의 응답을 기다리거나 하나님의 때를 기다리는 것은 원치 않습니다.

우리는 대단히 활동적이어서 열심을 내어 기도하다가도 곧 "이제 내 삶을 살아야겠어"라며 뒤돌아섭니다.

정녕 우리는 무엇이 진짜 인생인지를 모르고 있는 것이 아닐까요?

가을에 기러기들이 떼지어 남쪽으로 날아가는 것을 볼 수 있습니다.

이 새떼들은 연못에 잠시 멈추어 먹이를 먹다가도 이내 곧 머나먼 남쪽으로 가야한다는 본능에 따라 이내 그들의 고향으로 떠납니다.

형제, 자매 여러분, 여러분의 가슴 한편에 하나님께 향하고자 하는 본능을 느끼십니까? 매일 반복되는 삶 속에서 여러분의 본향으로 가고 싶은 강렬한 충동을 느끼십니까? 하나님께서 여러분의 마음속에서 역사하고 계십니다.

이제 안락하게 쉬었던 연못에서 벗어나서 본향으로 가시기 바랍니다.

토마스 켈리의 책을 읽은 후에 우연한 기회에 프랭크 라우바흐(Frank Laubach)의 책에서 '한 현대 신비주의자의 편지' 라는 글을 읽게 되었습니다.

이 글은 제게 강한 자극을 주었고, 지금까지의 제 삶이 참으로 부족했다는 것을 깨닫게 해주었습니다.

프랭크 라우바흐는 필리핀 선교사로 많은 문맹자들을 교육시켰던 분입니다.

그는 다음과 같이 썼습니다.

"지난 며칠 동안 이전보다 더 온전히 하나님께 헌신하기 위한 계획을 세웠다. 의식적으로 매 시간마다 하나님께 더 많은 생각을 드리기로 했다. 어제와 오늘, 나는 설명하기 쉽지 않은 그 어떤 새로운 모험을 시도했다.

이제 나는 의식적으로 매순간 하나님을 느낄 수 있다.

아마 몇몇 사람들은 의식적으로 하나님을 느끼려는 노력에 대해 반감을 표할지도 모른다. 영적으로 충만하여 하나님과 만족스러운 관계를 이루고 있다면, 이런 노력은 필요하지 않을 것이다.

그러나 하나님이 내 삶을 인도하신다는 사실을 내 자신에게 인식시키고 싶었다. 하나님이 인도하지 않으시는 삶이 얼마나 허무한가를 잘 알고 있기 때문이다.

하나님의 도우심 없이는 그 어떤 것도 완벽한 해결을 얻을 수 없다.

사도바울은 예수그리스도 안에서만 우리가 진정으로 자유로울 수 있다고 말한다. 그래서 나는 사람들과 내 자신으로부터 완전히 벗어나 매일 매일 하나님 안에 온전히 거하려고 노력하고 있다."

최근에 저 역시도 이렇게 살아 보려고 노력했지만, 성공하는 날보다는 실패하는 날이 더 많았습니다.

저는 베트남에서 위클리프 선교단체를 통해 봉사할 때 기념으로 받은 손목시계를 사용해 보았습니다.

손목시계의 알람을 매 15분마다 울리도록 맞춰놓고 제 자신에게 이렇게 충고하곤 했습니다.

"이봐! 또 잊었군. 하나님이 함께 하신다는 것을 생각하면서 기뻐하라고! 주변의 상황에 치어서 하나님을 잊지 마!"

이런 방법으로 저는 다른 사람들을 방해하지 않으면서 하나님과 늘 동행하려고 노력했습니다. 그러나 요즘은 성령님의 도우심으로 손목시계 알람을 맞추지 않아도 하나님을 느낄 수 있습니다.

저를 포함한 우리 모두는 살면서 몇 가지 씻을 수 없는 죄를 짓습니다.

그때 생각으로는 절대 벗어날 수 없을 것만 같았고, 이 때문에 몹시 괴로웠습니다. 그러나 하나님 안에 거하는 삶을 살기 시작하면서 비로소 죄에서 자유함을 얻을 수 있었습니다.

하나님의 임재 가운데 거하면 우리를 사로잡던 모든 죄악의 사슬로부터 벗어나게 됩니다.

이 얼마나 놀라운 하나님의 사랑입니까!

죄악은 우리가 하나님 안에 거하는 것을 가로막습니다.

그러나 하나님 안에 거하면 우리는 죄로부터 자유로울 수 있습니다.

예수님은 "하나님이 우리와 함께 계시다"(마 1:23)라는 약속의 말씀을 가지고 이 세상에 오셨고 부활하여 승천하실 때는 "내가 너희와 항상 함께 있으리라"(마 28:20)라는 약속의 말씀을 우리에게 주셨습니다.

처음과 마지막에 하나님의 임재를 약속하신 것입니다.

이것은 단순히 '함께 한다'라는 의미뿐만 아니라 '함께 거한다'라는 것을 의미합니다.

동정녀 마리아를 통해 인류의 구세주인 예수 그리스도가 잉태된 것처럼 사도 바울은 "너희 속에 그리스도의 형상이 이루기까지 다시 너희를 위하여 해산하는 수고를 하노니"(갈 4:19)라고 말합니다.

우리의 몸은 하나님의 성전이기에 하나님께 헌신해야 합니다.

이는 골로새서 1장 27절에서도 "너희 안에 계신 그리스도시니 곧 영광의 소망이니라"라고 우리의 헌신의 이유를 잘 말해주고 있습니다.

하나님 안에는 측량할 수 없을 만큼 놀라운 풍요로움이 있으나, 저 역시 그 풍요로움을 미처 다 누리고 있다고 생각하지 않습니다.

그러나 하나님께서는 우리가 하나님께 전적으로 의지하고 동행하는 삶을 살기 원하십니다. 이는 하나님이 어디에나 계신다는 뜻이 아닙니다. 예수님을 마음속에 영접했다는 이야기가 아닙니다.

물론 하나님이 어디에나 계시고 예수님을 마음에 영접하는 것은 많은 사람들의 큰 기쁨입니다.

그러나 이것이 여기서 제가 말하고 싶은 핵심이 아닙니다. 제가 거듭 강조해서 말씀드리고 싶은 것은 하나님 안에 거하시라는 것입니다.

전심을 다해 하나님을 사랑하고, 기뻐하고, 찬양 드리고, 때로는 간절히 여러분의 소원을 구하고, 울부짖기도 하면서 끊임없이 하나님과 대화하십시오.

어거스터스 홉킨스 스트롱(Augudtus Hopkins Strong)은 「체계적 이론」이라는 책에서 "대다수의 기독교인들은 예수 그리스도에 대해 우리 안에 거하시는 구세주라기 보다 우리 밖에 있는 구세주라고 생각하는 경향이 있다"라고 지적했습니다.

그렇습니다.

'예수님' 하면 우리는 저 멀리 천국에 계신다고 생각합니다.

책상 위에 읽어야할 보고서는 산더미 같은데 끊임없이 전화가 울려대고, 중요한 손님 초대를 코앞에 두고 거실을 치우자마자 장을 보러 가야하는데 누군가 오렌지 쥬스를 엎지르고, 할 일은 많은데 내일 아침까지 내야하는 중요한 과제가 있고….

이밖에도 현재 해결해야 할 문제가 산재해 있습니다.

이렇듯 예수님보다 이런 일상의 문제들이 더 가깝게 느껴지기 때문에 우리의 모든 주의는 이런 문제에 집중되어 있습니다.

"우리가 그를 힘입어 살며 기동하며 있느니라"(행 17:28)라는 말씀의 진정한 의미를 우리는 제대로 깨닫지 못하고 있습니다.

그래서 하나님이 우리의 손발보다 더 가까이 계시다는 것을 알지 못합니다.

하나님은 그 어떤 문제들보다도 더 가까이 여러분 곁에 계십니다.

매 순간마다 하나님이 여러분과 함께 하신다는 것을 느끼며 사신다면, 여러분 삶의 모든 것이 엄청나게 변할 것입니다.

오직 하나님 안에! 오직 하나님 안에!

대부분의 기독교인들은 "하나님이 저와 함께 하신다는 것을 알고말고요"라고 쉽게 말합니다.

그러나 여러분의 행동이 변하지 않는 한 진정 하나님 안에 거한다고 할 수 없습니다.

야곱이 에서를 피해 도망중일 때, 광야에서 잠든 야곱은 꿈을 꿉니다.

그리고 잠에서 깨어나 "여호와께서 과연 여기 계시거늘 내가 알지 못하였도다"(창 28:16)라고 고백합니다.

여러분도 이런 체험에서 우러나온 고백을 한 적이 있습니까?

야곱은 그의 형 에서와의 장자권 문제로 겁에 질려 허둥지둥 도망가고 있었습니다. 꿈을 통하여 하나님은 야곱을 잠시 멈추게 하셨고 하나님을 바라보게 하셨습니다.

이 글을 읽고 계신 여러분은 지금 어떠십니까?

아마 자신에 대해 실망하시는 분도 있을 테고 하나님이 함께 하고 계신다는 고백이 절대 있을 수 없는 일이라고 생각하시는 분도 있을 겁니다.

언젠가 퇴직하고 나면, 좀 여유로워지면, 지금은 너무 지치고 낙심하여 하나님 앞에 나아갈 힘조차 없다고 하시는 분도 있을 겁니다.

토마스 켈리는 그의 책 「헌신의 고백」에서 이렇게 말합니다.

"우리는 우리 안에 거하시면서 삶을 주관하시는 절대자의 통제 없이 단 한 번에 수많은 자아가 되려고 노력하고 있다.

우리들 각자에게는 단일 자아가 아닌 시민으로서의 자아, 부모로서의 자아, 전문가로서의 자아, 종교적 자아, 사회적 자아, 재정상의 자아, 학문적 자아 등 한 무리의 자아가 내재되어 있다."

그러나 하나님은 우리에게 먼저 하나님을 바라보라고 하십니다.

오직 우리 주 하나님 안에서 믿음을 가지고, 세례(침례)를 통해 하나님의 자녀라 일컬음을 받으며, 주님과 연합하여 주안에서 온전하게 살 것을 원하십니다.

켈리는 또한 "내가 말하는 것은 삶에 있어서 큰 변화를 일으키라는 것이다. 하나님의 임재를 경험하는 것은 우리의 삶을 복잡하게 하는 많은 의무들과 차원이 다른 것이다. 하나님과 동행하는 삶은 인생의 중심이 되며, 이에 맞추어 다른 부차적인 일들을 재구성할 수 있다"라고 덧붙입니다.

그렇습니다.

모든 것은 우리의 중심이 되시는 하나님의 손에 달려 있는 것입니다.

매 순간마다 하나님께서는 힘과 지혜와 평화를 주십니다.

일상생활에서 중요한 결정을 할 때마다 하나님께서 성령님을 통하여 최선의 길로 인도하시므로 우리는 하나님 중심의 삶을 살게 되는 것입니다.

하나님 안에 거하는 삶을 살지 못했을 때, 우리는 어떤 경험을 하게 될까요?

마치 상대 선수의 다음 펀치를 기다리며 위태롭게 서 있는 링 위의 복서 같지 않습니까?

이때 우리는 다음 상황을 예측하고 준비하기보다는 순간순간의 펀치를 방어하기에 급급합니다. 즉 주변에서 벌어지는 일에 우리의 행복과 불행을 맡겨버립니다.

이는 신앙이 없는 사람들의 삶과 다를 바가 없습니다.

이 얼마나 부끄러운 일입니까!

조지 폭스(Gerge Fox)는 이렇게 말했습니다.

"우리가 하나님이 거하시는 성전이라는 것은 정말 기쁜 일이다. 고요한 침묵 가운데 우리는 바로 우리 마음 안에 거하시는 하나님과 만날 수 있는 것이다."

다윗 왕은 젊은 므비보셋에게 "내가 이르노니 너는 시바와 밭을 나누라"라고 말합니다.

그러자 므비보셋이 "내 주 왕께서 평안히 궁에 돌아오시게 되었으니 저로 그 전부를 차지하게 하옵소서"(삼하 19:29-30)라고 답합니다.

우리는 이런 심정으로 하나님을 열망해야 합니다.

오직 하나님만 구해야 합니다. 이런 이유로 하나님은 모세를 크게 쓰셨습니다.

모세는 "천사도 필요 없고, 대리인도 필요 없고, 오직 하나님만 필요합니다"라는 자세로 울부짖었습니다.

아직도 하나님이 '지금, 여기에 여러분과 함께 하신다는 것'을 잘 모르겠다면, 그동안 여러분의 삶에서 매 순간마다 하나님이 동행해 오신 것을 깨닫지 못하고 살았을 것입니다.

"하나님께 가까이 함이 내게 복이라
내가 주 여호와를 나의 피난처로 삼아"(시 73:28)

"주의 앞에는 기쁨이 충만하고
주의 우편에는 영원한 즐거움이 있나이다"(시 16:11)

"여호와께서 가라사대 내가 친히 가리라 내가 너로 편케 하리라"(출 33:14)

하나님과 동행할 때 느끼는 그 기쁨과 위안을 꼭 느끼길 바랍니다!

이러한 변화는 일회성의 헌신으로 얻을 수 있는 것이 아닙니다.

매 순간 정성어린 헌신으로 가능합니다.

흐트러진 마음을 늘 한 마음으로 모아야 합니다.

과연 얼마나 오랫동안 많은 성도들이 세상적이고, 중요하지 않은 일에 주의를 온통 빼앗겨야 할까요?

하나님은 인내심을 가지고 우리를 기다리십니다.

얼마나 오랫동안 하나님이 번개를 보여 주셨는지 생각해봅시다. 수세기 동안 번개로 나무를 쪼개시고 소가 피하는 것을 보게 하셨지만 사람들은 바라보며 그저 의아해 했습니다.

사실 하나님은 무언가를 말해주려고 하셨는데 말입니다.

천둥 번개 치던 어느 날, 한 남자가 마침내 연과 열쇠를 가지고 나갔습니다.

그때 하늘에서 하나님은 "세상에, 수세기 동안에 전기에 대해 알려주려고 그렇게 노력했건만 이제야 드디어 알아챘군. 마침내 알아냈어"라며 기뻐하셨을 것입니다.

그리고 나서 바로 인류는 전기를 이용할 수 있게 되었습니다.

실로 오랫동안, 정말 오랫동안 저와 여러분은 하나님이 우리와 함께 계신다는 것을 이론적으로만 알고 있지 않았습니까!

이때 하늘에서는 "이제 좀 있으면 알겠지. 좀 더 지켜봐야지. 언젠가는 깨달을 때가 있겠지" 하며 조마조마하게 기다리셨을 겁니다.

지금 여러분이 이것을 깨닫게 된다면 아마 15년, 30년, 혹은 40년의 허송세월을 보내지 않아도 될 것입니다.

성도의 삶은 하나님 중심으로 사는 삶입니다.

어떻게 이 진리를 잊을 수 있습니까?

예수그리스도를 여러분 삶의 중심에 두십시오. 하나님의 영광이 여러분 안에 나타날 것입니다.

매 순간 예수님이 인정하는 사랑받는 제자가 되십시오. 하나님과 동행하고, 늘 대화하고, 그 안에서 기뻐하십시오.

이제 확실히 아셨지요?

•2장•

하나님 중심으로 살기

바흐(T.J.Bach)는 복음 연합 선교회 회장이자, 현대의 훌륭한 기독교인 중 한 사람입니다.

그분은 온전히 하나님 안에 거하는 삶을 사셨기에 하나님과의 관계는 물론 다른 사람과도 좋은 관계를 맺었습니다.

며칠 전 아침, 우리 교회 남자 성도들 몇 분이 바흐 목사님에 관한 일화를 이야기 한 적이 있었습니다.

누군가 바흐 목사님께 "오늘 시내에 나갈까 합니다"라고 말하자, 목사님께서는 "하나님, 이분의 오가는 발걸음을 축복하시옵소서" 하시더니 "몇 시에 가실 겁니까?"라고 물었다고 합니다.

이것은 고개를 숙이고 두 손을 모으고 두 눈을 감는 일련의 형식을 따른 것이 아니었습니다. 하나님이 이분의 생활 속에 함께 계시기에 너무나도 자연스럽게 나온 반응이었습니다. 혹자는 아마 "그러나 이건 조금 정도를 벗어난 것 같은데요"라고 말할지도 모릅니다.

그렇다면 '정도에서 벗어난 것'이 무엇인지에 대해서 한번 생각해 봅시다.

우리의 삶은 수레바퀴와도 같다고 합니다. 그리고 그 중심에는 예수님이 거하고 계십니다.

우리의 마음 한 가운데에는 우리의 중심이 되시는 하나님이 거하고 계십니다. 이 중심은 고요하지만 바퀴를 조절하는 능력 있는 부분입니다.

한 오래된 찬송가의 첫 소절은 "고요한 휴식 있네. 하나님의 마음 가운데"라고 노래합니다.

수레바퀴 둘레는 우리가 접하는 외향적인 일들, 이를테면 주변 사람들, 벌어지고 있는 상황, 기쁜 일, 슬픈 일, 크게는 변화하는 세계정세와 같이 우리 삶에 영향을 주는 것이라고 할 수 있습니다.

따라서 이 부분이야말로 가장 빠르게 움직이면서 모든 먼지와 열기, 그리고 마찰을 접합니다.

크리스천으로서 우리는 매 순간 선택의 기로에 서게 됩니다.

예를 들면 우선 우리 주변에 일어나는 일에 대해서 끊임없이 신경을 곤두 세우며 살 것인가(외부의 일들이 철저히 여러분의 내면을 지배하게 하여 희노애락이 모두 여러분 주위에서 어떤 일이 생기느냐에 밀접하게 연관되어 있는 삶), 아니면 고요하나 마음의 중심에 지속적으로 집중하며 살 것인가(여러분의 마음가짐이 삶에 영향을 미치도록 하는 것, "하나님, 이제 제가 무엇을 해야 할까요? 제가 만나는 이 사람과 하나님 안에서 화목하게 지낼 수 있게 해 주세요. 제게 이 상황을 능히 이겨 낼 수 있는 힘을 주시리라 믿습니다.")하는 것입니다.

토마스 켈리는 이렇게 고백했습니다.

"외부로부터의 고난을 경험하기도 한다.

그러나 고통의 한 가운데로 들어가다 보면 그 고통 너머에 어떤 심오한 평안과 맞닥뜨리게 되는데 그 단계에서 우리는 기도와 예배, 찬양과 경배 그리고 하나님의 살아 계심을 전적으로 경험하게 된다."

크리스천인 우리에게 선택의 문제가 남았습니다.

즉 하나님 중심, 예수 그리스도가 중심이 되는 삶을 살던지, 아니면 중심에서 벗어난 삶을 선택할건지가 그것입니다.

중심에서 벗어난 삶이 어떤 삶일까요?

하나님이 아닌 다른 그 어떤 것을 삶의 우선순위로 두는 것이 바로 중심에서 벗어난 삶입니다.

지금 우리는 모두 의미있는 참된 성도의 삶을 살기를 원합니다.

어떻게 하면 의미있는 삶을 살 수 있을까요?

어떤 사람들은 "은혜로운 좋은 교회에 가겠어요. 그러면 반드시 삶의 참된 의미와 만족을 찾을 수 있을 거예요"라고 말합니다.

어떤 성도가 한 교회를 찾아서 정말 하나님이 함께 하심을 느꼈다고 칩시다. 그 사람은 아마 '바로 이거야' 하며 곧 만족을 느끼겠지요.

교회에서 직분도 맡고, 회의도 참석하고, 주일학교에 봉사도 합니다. 그러나 1년 혹은 2년이 흐른 후에 "이 교회에 있는 많은 사람들은 나보다도 못하고, 심지어 어떤 사람들은 나보다 더 심각한 문제가 있는 걸" 하면서 푸념을 늘어놓기 시작합니다. 이때 마음이 또다시 불안해지기 시작합니다.

그렇다고 교회를 떠나는 것은 아니지만 다른 무엇, 보다 심오한 그 무엇을 찾아 헤매기 시작합니다.

그러다 어느 모임에서 만난 사람들의 특별 세미나를 듣다가 그리고 어느 목사님의 테이프를 듣다가 아니면 인터넷을 하다가 '왜 이런 세계를 좀더 일찍 알지 못했지? 왜 어느 누구도 내게 말해주지 않았을까?' 라고 생각하다가 "내 영혼아, 기뻐하라! 마침내 찾았어. 바로 이거라고"라고 말합니다.

그리고 한동안 신경은 온통 이 새로운 말씀, 특별한 말씀에 쏠려 있습니다. 대단합니다. 또 성경적입니다.

그러나 곧 이것이 모든 갈증을 해소해주지는 못한다는 것을 깨달으면서 여전히 영혼의 불안감을 느끼게 됩니다. 무미건조하고 공허함을 느낍니다.

어느 날 기쁨이 넘쳐 보이는 한 친구가 "정말 필요한 건 영적 경험이야" 라고 말하면 또 한번 혹하여 '그래 그 말이 맞을 거야. 내게 필요한 건 바로 그거야' 라고 생각하며, 그 친구를 따라 영적인 경험을 나누는 곳을 찾아 갑니다.

그리고는 또 "할렐루야! 이거였어"하며 기뻐합니다.

특별한 무엇을 구하려는 그 성도에게 모든 그룹 사람들이 강권합니다.

"좀더 깊은 믿음을 가지세요. 같이 한번 해봅시다. 포기하지 마세요. 그렇다고 서두르지도 마시고요"라며 격려해줍니다.

마침내 그 성도는 "그것"을 경험합니다.

이 놀라운 경험을 한 성도는 "이거였었구나, 이것이 틀림없어"라고 만족합니다.

그러나 곧 예전의 그 불안이 다시 엄습해 옵니다.

왜일까요?

그 사람이 그렇게 찾아 헤맸던 것은 "그것"이지 하나님이 아니었기 때문입니다. 교회 그 자체가 여러분 삶의 우선순위나 중심이 될 수 없습니다.

어떤 영적인 경험도 마찬가지입니다.

그 경험이 삶의 중심이 될 수 없습니다. 그 어떤 전문적, 특별한 성경 말씀 강해가 절대 우리 삶의 중심이 될 수 없습니다.

오직 하나님 한 분만이 중심이 되셔야 합니다. 그 나머지 것은 우리를 궤도에서 벗어나게 합니다.

탈 중심으로 이끕니다.

여기 공장이 있습니다. 공장 곳곳에는 대, 중, 소의 다양한 크기의 톱니바퀴들이 돌아가고 있습니다. 이렇게 해서 공장은 잘 운영되고 모든 것이 순조롭게 진행되고 있습니다.

왜냐하면 모든 바퀴들이 중심에 맞추어져 있기 때문입니다.

또 다른 공장이 있습니다. 훌륭하고 매우 잘 만들어진 중요한 톱니바퀴들이 있습니다.

그러나 한 가지, 각각의 바퀴들이 중심에서 조금씩 빗나가 있습니다.

월요일 오전 7시 30분에 공장이 돌아가기 시작하는데, 조심해야 합니다! 끽끽거리고 삐걱대는 기계소음과 타는 냄새가 진동합니다. 곧 무너져 내릴 것 같습니다.

이 공장은 바로 오늘날의 교회와 매우 유사합니다.

많은 사람들이 그저 자신을 위한 예배를 드리고 있습니다.

이쪽에서 끽끽 소리를 내는 톱니바퀴가 이렇게 외쳐댑니다.

"여러분, 증인이 되세요! 우리 모두 증인이 되어야 합니다."

연기를 내는 또 다른 바퀴는 "현대식 예배를 드리세요"라고 합니다.

그 주위에서는 "현대식 예배! 현대식 예배! 현대식 예배!"라는 구호가 들립니다.

또 다른 바퀴는 삐거덕거리며 "주님이 곧 오십니다. 예수 재림, 예수 재림"을 강조하고, 또 다른 바퀴는 "선교, 선교, 오직 선교, 선교"라고 외쳐댑니다.

이 모든 것들이 옳고 중요한 것은 사실입니다.

그러나 예수 그리스도보다 우선시 되어서는 안 됩니다.

이런 것들을 최우선시 하는 성도들은 분명 궤도에서 이탈한 성도들입니다. 부차적인 것을 강조하면서 갈등을 겪고 있는 교회도 있을 것입니다.

그렇다면 어떻게 중심에서 벗어났는지를 알아볼 수 있을까요?

만일 여러분이 어떤 지도자나 교회 또는 무슨 성령 운동이나 성경 강해 같은 것을 지나치게 따르거나 이것들을 삶의 중심으로 삼는다면, 분명 궤도에서 분리된 삶을 살고 있는 것입니다. 즉 영적으로 불균형적인 신앙생활을 하고 있는 것입니다.

고린도후서 5장 14절-15절 말씀은 매우 중요합니다.

"저가 모든 사람을 대신하여 죽으심은 산 자들로 하여금 다시는 저희 자신을 위하여 살지 않고 오직 저희를 대신하여 죽었다가 다시 사신 자를 위하여 살게 하려 함이니라"(고후 5:15)

하나님만이 오직 완벽하신 분입니다.

성부 하나님, 성자 하나님, 성령 하나님, 이 삼위일체는 동일한 본질을 공유하고 유일한 실체로 존재하십니다.

하나님은 스스로 존재하시는 분입니다. 그리고 하나님의 자녀로 창조된 우리는 하나님 중심이 되는 삶을 영위할 때 완전하고 풍요로울 수 있습니다.

그래서 우리는 하나님 중심이 되는 삶을 살아야 합니다.

많은 크리스천들이 한쪽으로 치우쳐진 삶을 삽니다. '삶'이라는 바퀴의 중심이 주변상황에 치우쳐져서 제대로 굴러가지 못하고 있습니다.

오직 하나님이 중심이 되고, 목적이 되고, 소망이 되어야 하는데 다른 것에 우리의 주의를 온통 빼앗기고 있습니다.

이렇게 "중심에서 이끌어 주는 힘"이 우리 인생에서 절실히 필요하다는 것을 깨닫습니다.

마태복음 6장 33절에서 예수님은 주변 상황 즉 음식, 옷 등에 대해서 언급하시면서 "먼저 그의 나라와 의를 구하라 그리하면 이 모든 것을 너희에게 더하시리라"라고 약속하셨습니다.

다윗 왕은 "사슴이 시냇물을 찾기에 갈급함같이 내 영혼이 주를 찾기에 갈급하나이다"(시 42:1)라고 노래하며 하나님의 도우심을 구했습니다.

여러분 중에 혹 "그러나 저는 세상적인 것도 좋고, 하나님도 좋은데요…"

라며 택일하기를 주저하는 분이 계십니까?

아시시의 성 프란시스(St. Francis of Assisi)가 젊었을 때 다른 사람들은 세상을 향해 달려 나갔지만, 그는 하나님께 헌신했습니다.

하나님은 그런 그를 높이 쓰셨고, 오늘날 우리는 여전히 그가 한 말들을 기억하고 그가 쓴 찬송가를 부릅니다.

히브리서 11장 6절에서는 "하나님께 나아가는 자는 반드시 그가 계신 것과 또한 그가 자기를 찾는 자들에게 상 주시는 이심을 믿어야 할지니라"라며 믿음의 중요성을 역설합니다.

만일 지금까지 기쁨으로 하나님을 구한 적이 없다면, 열심을 다해 하나님을 따라가서 여러분의 삶의 중심으로 삼으십시오. 지금껏 하나님을 높여본 적이 없다면, 이는 여러분 마음 아주 깊은 곳에 '하나님은 구하는 자들에게 응답해 주신다는 것'을 믿지 않기 때문입니다.

천국에 대한 소망이 없는 비기독교인들은 하나님은 우리에게 그 어떤 상급도 주지 않으시며, 하나님을 열심히 믿으면 오히려 인생의 몇 가지 '스릴'과 몇몇 좋은 '친구'들을 놓칠 수 있다는 그릇된 믿음을 갖고 있습니다.

여러분도 아마 진지하게 이 말에 대해 생각해 본 적이 있을 것입니다.

오직 하나님 한분만, 오직 하나님을 통해서만 우리는 하늘의 상급을 받을 수 있습니다.

오직 하나님께로부터만 말입니다.

이사야 26장 3절은 우리에게 이렇게 이야기합니다.

"주께서 심지가 견고한 자를 평강에 평강으로 지키시리니 이는 그가 주를 의뢰함이니이다."

이것이 바로 '주님의 임재'를 경험하는 것입니다.

이렇게 할 때 여러분의 마음 가운데 하나님을 중심으로 모실 수 있습니다.

여기 또 다른 유혹이 있습니다.

하나님 중심이 되는 삶을 추구한다 하더라도 사실 이는 '우리 자신'을 위해서, 즉 우리 마음의 '절대 평화'를 찾기 위함이기 때문에 여전히 "나"(I) 중심이 되는 삶을 사는 것입니다.

잘 믿는 크리스천이 되어 다른 사람들에게 존경받기를 바라기 때문에 하나님의 임재를 경험하려고 하는 것은 아니지요. 이 경우 하나님은 우리 기도를 들어주시지 않고 우리를 만나주시지 않습니다.

아, 우리 인간의 욕심! 인간의 욕심!

그러나 잊지 말아야 할 것은 우리는 하나님의 영광을 위해 창조되었습니다. 만약 원한다면 우리는 세상에만 빠져서 근근이 삶을 이어갈 수 있습니다.

이것은 선택의 문제입니다.

그러나 분명히 말씀드리지만 우리는 하나님 중심의 삶을 살기 위해 창조되었습니다.

우리 안에 거하시는 예수 그리스도가 하나님을 영화롭게 할 뿐만 아니라 우리를 진실로 부족함이 없게 하십니다.

어거스틴은 이렇게 기도했습니다.
"하나님,
우리 마음을 둘 곳 없어 늘 불안하고 초조합니다.
주안에 거하게 하옵소서."

하나님의 자녀인 우리는 하나님을 우리 마음의 중심에 초대하여 중심이 되시는 하나님께 우리의 삶을 맡길 수 있는 선택권이 있습니다.

우리가 원하기만 한다면 퀘이커 교도들이 말하는 것처럼, 중심이 되시는 하나님만 바라면서 예수그리스도가 우리 삶의 전부가 되게 할 수 있습니다.

그러면 하나님과 성령님이 우리 안에 계셔서 넘어지지 않도록 항상 도와주실 것입니다.

메이어스(F. W. M. Myers)는 다음과 같은 시를 썼습니다.

그리스도!
나는 그리스도니!
너를 충만케 하는 이름이어라

또한 나에게

그는 큰 기쁨을 주셨다

메이어스의 이 시는 수세기 전 존 울먼(John Woolman)이라는 영국의 한 겸손한 재단사를 변화시켰습니다.

울먼에 대한 일화가 있습니다.

> "손님이 많은 날이면 울먼은 자신보다 가난한 재단사나 양복점으로 자기 손님들을 보냈다. 그의 육신의 삶은 철저히 내적으로 통합된 기본에 입각한 삶이었다. 그는 우리가 천국에 소망을 두고 살 수 있다는 것을 강조했다. 그는 온전히 하나님의 축복된 인도하심을 따랐으며, 하나님 중심의 삶을 살았다."

1960년대 조지 폭스(George Fox) 역시 기독교라는 종교 안에서의 하나님이 아니라, 우리 삶 속에 역사 하시는 하나님을 알기를 간절히 원했습니다.

이를 위해 그는 목사님, 신부님들은 물론 심지어 평신도들까지 하나님을 더 잘 알 수 있는 방법을 말해 줄 수 있는 사람이라면 누구라도 찾아 다녔습니다.

폭스의 한 친척은 이렇게 말한 적이 있습니다.

"우리는 그가 결혼하여 정착해서 안정된 삶을 살기를 바랐습니다."

한 카톨릭 신부는 폭스에게 담배도 좀 피워보고, 찬송가를 불러보라고 권했습니다.

어떤 목사님은 폭스가 화단을 밟고 성큼성큼 걸어와서 도움을 구하자 화를 내며 내쫓았습니다.

또 어떤 사람은 그에게 정말 필요한 것은 약물치료이나 방혈이라고 말하기까지 했습니다.

신학교 수업도 그의 궁금증에 충분한 답을 해주지 못했습니다.

결국 폭스는 이런 글을 남겼습니다.

"하나님을 제대로 모른다면, 하나님과 매일 대화할 수 없고, 그 안에서 기뻐할 수 없고, 기쁨으로 하나님께 순종할 수 없고, 하나님이 내게 말씀하시고 그분이 원하시는 대로 이끌어 주시는 것을 느낄 수 없다면, 나는 목회자가 될 자격이 없지 않은가!(아마 평신도의 자격도 없지 않은가!)"

지금 믿음이 필요합니다.

사도 바울은 에베소서 3장 17절에서 "믿음으로 말미암아 그리스도께서 너희 마음에 계시게 하옵시고"라고 말했습니다. 즉 사도바울은 예수 그리스도 안에 거하고 기쁨을 누리려면 하나님을 믿고 의지해야 한다고 역설했습니다.

오직 하나님 안에서만 가능합니다.

그 어느 곳에서도 기쁨을 구할 수 없습니다. 구할 수 있는 곳은 바로 하나님 안입니다.

"성령의 불"을 잘 지키고 계속 잘 타도록 노력하여 그것이 꺼지지 않을까 염려하지 말기 바랍니다. 그 불은 하나님이십니다.

제가 그랬던 것처럼 여러분들도 그 불에 가까이 다가가야 합니다.

매일의 일상사에서 하나님을 알고 가까이하고 늘 동행하는 사람만이 하나님이 얼마나 정확한 분인지 알게 됩니다.

로렌스 형제(Brother Lawrence)는 영적인 세상의 문제를 고민하였습니다.

그는 자신의 죄에 대한 기억들이 괴로워 속죄하고자 한 수도원에 갔습니다.

로렌스 형제는 하나님을 갈망했습니다.

수도원에서 그가 한 일은 바닥 청소와 부엌에서 설거지 하는 일이었습니다. 그리고 그곳에서 그는 "하나님의 임재"를 경험하게 되었습니다.

그리하여 로렌스 형제는 이렇게 고백할 수 있었습니다.

"나에게 있어서 노동의 시간은 기도하는 시간과 별다를 바 없다. 부엌에서 온갖 달그락거리는 소리와, 여러 다른 이유로 나를 부르는 사람들의 소리 속에서 나는 조용히 무릎 꿇고 기도할 때처럼 고요함을 체험할 수 있었으며 하나님을 내 마음 속에 모실 수 있었다."

임종을 앞두었을 때, 긴 침묵 속에서 로렌스 형제의 침상을 지키던 친구가 그에게 무슨 생각을 하고 있느냐고 묻자, "천국에 가면 무엇을 해야 할까를 생각하고 있었네. 할 일이 참 많거든. 하나님을 경배하고, 찬양하고, 하나님을 높이고, 내 마음을 다하여서 하나님을 사랑하고, 하나님께 예배드리고, 하나님을 사랑하는 것. 이보게 친구, 그것이 바로 우리의 과업일세" 라고 말했습니다.

만일 여러분이 더 풍요로운 삶을 갈망한다면 과거 경험했던 것보다 더 거대한 그 무엇과 미래를 원할 것입니다.

하나님은 우리를 축복하십니다!

그것이 바로 하나님께서 우리의 마음에 주시는 하나님을 향한 열망입니다.

우리는 마치 예수님의 제자들 같지 않습니까!

밤새 수고하여 그물을 던졌지만 단 한 마리의 물고기도 잡지 못했습니다(요 21:3 참조).

이제 여러분도 자신의 그물을 내려놓고 주님을 따르십시오. 깊은 곳으로 가십시오.

그렇다면 어떻게 해야 할까요?

지금 여러분이 속한 곳에서 당장 시작하십시오. 마음을 다하여 하나님을 경배하는 것부터 시작하십시오. 마음 깊은 곳에서부터 간절히 하나님을 찬양하십시오.

지금 당장 이렇게 고백하십시오.

"하나님,

사랑합니다.

찬양합니다.

경배합니다.

주 안에 온전히 거하기를 원합니다."

내일 아침 일어나서 이렇게 기도하십시오.

"하나님,

제가 여기 있습니다.

오늘은 제가 무엇을 해야 할까요?

오늘 온종일 주님과 함께 하기를 원합니다."

이른 아침 공기보다 더 신선하게, 따사로운 햇살보다 더 따뜻하게, 새벽 공기보다 더 상쾌하게 주님은 우리를 감싸주십니다.

그리고 하루 종일, 보이지 않는 곳에서 마음속 깊이, 하나님과 대화하십시오.

길을 걸으면서 여러분이 보는 모든 것에 하나님의 축복이 함께 하길 기도하십시오.

횡단보도 앞에서 신호를 기다리면서 예수님께 여러분의 사랑을 고백하십시오.

저녁에 귀가하면서 "하나님, 제가 집안으로 들어설 때, 오늘도 저와 우리 가족을 축복해주세요" 라고 기도하십시오.

끊임없이 하나님과 대화 하십시오. 하나님과의 대화는 따로 시간을 내어서 하는 것이 아니라 매 순간마다 쉬지 않고 하는 것입니다.

만일 기도의 호흡이 끊어진다면?

여러분이 다시 세상으로 마음이 향해있다면?

여러분이 예전의 자기 습관을 고수하고 있다면 그 상황에 너무 오랫동안 머무르지 마십시오.

일어서서 다시 전진하십시오.

하나님 앞에 나가십시오.

다시 하나님과 동행하십시오.

우리는 대단히 성공 지향적이어서 삶의 질을 높이기까지 인내심을 발휘하기가 어렵습니다.

텔레비전 프로그램에서 모든 미스터리는 28분 안에 해결됩니다.

모든 세탁물도 60초면 해결됩니다.

그러나 하나님과 함께하는 삶은 기다림의 연속입니다.

하나님과 함께하는 삶을 살면서 여러분의 머리는 새하얗게 변해버릴 지도 모릅니다. 영적으로 더 깊이 성장하기 위해서는 시간이 걸립니다.

그래도 우리는 열심을 내야 합니다. 아직 여러분은 영적인 본향에 다다르지 않았습니다.

하나님을 더 알아가고 가까이 하는데 열심을 다하십시오.

하나님의 임재 안에서 우아하게 늙어간다는 것이 얼마나 축복된 일인지 꼭 깨달으십시오. 곧 승리할 것입니다!

저는 가끔 하나님을 알아 가는데 실패했었습니다.

그러나 승리했을 때의 그 기쁨은 그 시도를 포기할 수 없을 만큼 큰 것이었습니다.

이는 단순히 자기 성취감을 느끼기 위함이 아닙니다. 여러분 자신을 위함이 아닙니다.

오직 하나님을 위한 것입니다. 하나님 앞에 모여 영광과 기쁨을 드리기 위함입니다. 이것이 바로 하나님이 중심되는 삶입니다.

죄를 지었을 때 우리는 어떻게 해야 할까요?

어쨌든 하나님 앞에 나아가야 합니다.

로렌스 형제는 "하나님! 주님의 도움이 없으면 저는 계속해서 같은 죄를 반복합니다"라고 기도했습니다.

죄를 고백하십시오. 마음이 가벼워집니다.

빌립보서 2장 13절에서 "너희 안에서 행하시는 이는 하나님이시니 자기의 기쁘신 뜻을 위하여 너희로 소원을 두고 행하게 하시나니"라고 명시하고 있습니다.

잠시 바흐(T.J. Bach)에 대해서 생각해 봅시다.

그는 하나님 중심으로 살았습니다. 그를 아는 모든 사람들은 그가 정도에서 벗어났다고 생각했습니다. 그러나 그 사람들이 오히려 정도에서 벗어난 사람들이었습니다!

여러분은 열렬한 신자가 되는 것을 두려워하십니까?!

만일 그렇다면, 다수가 따르는 삶을 따르지 않을 것은 확실합니다.

그러나 토마스 켈리는 "하나님 앞에 온전히 헌신하여 광신자라는 말을 듣는 것이 하나님께 20퍼센트 정도 헌신하며, 평범한 신자가 되는 것보다 훨씬 낫다. 성도들에게 평가받는 것보다 정신과 의사의 상담을 받는 편이 훨씬 낫다. 예언자들이 '하나님이 가라사대' 라고 했지 '왕이 가라사대' 라고 한 적은 없었다"라고 했습니다.

사랑하는 여러분! 저는 여러분이 하나님 앞에 나오기를 진심으로 간절히 부탁합니다.

•3장•

개인적으로 예배드리기

우리의 삶에서 가장 으뜸이 되고, 기본이 되며, 가장 중요한 갈림길에 설 때가 있습니다.

여기서 우리는 승리하기도 하고, 패배하기도 하고, 성취하기도 하고, 또 그렇지 못하기도 합니다.

제가 말씀드리는 이 장소는 무릎 꿇을 수 있는 곳, 세상적인 모든 일을 다 뒤로 할 수 있는 곳, 하나님과 여러분, 오직 둘만 함께 할 수 있는 곳입니다.

여러분과 하나님의 관계는 정직해야 합니다. 적어도 하루에 한번 규칙적으로 이런 시간이 있어야 합니다. 이런 시간은 투쟁하고, 할퀴고, 상처내서라도 얻어야 합니다. 그렇지 않으면 얻기 힘듭니다.

하나님과 매 순간 순간 함께하는 삶이 가장 소중합니다. 또 이것이 모든 일의 시작이 됩니다.

성경공부와 기도를 통한 지속적인 'QT'를 통해서 하나님과 교제해야 하는 필요성을 간과해서는 안 됩니다.

19세기 영국의 위대한 신앙인 조지 뮬러(George Mueller)는 영적인 힘을 얻을 수 있는 비밀을 어떻게 발견했는지 소개했습니다.

"우리가 신경써야 할 가장 첫 번째 일은 우리는 얼마나 많이 교회에서 봉사하느냐가 아니라, 어떻게 하면 내 영혼이 행복할 수 있을까, 어떻게 하면 내 속 사람이 더 강건해질 수 있을까 입니다.

그래서 나는 매일 아침 일찍 신약 성경을 묵상합니다.

하나님의 귀한 말씀을 따라 살 수 있도록 축복해달라고 간구한 후에 제가 처음 하는 일의 뜻을 구하며, 말씀을 음미하는 것입니다.

이는 목회자들 앞에서 나누기 위함도 아니고, 제가 묵상해온 것을 설교시간에 나누기 위함도 아닌, 바로 제 자신을 위한 것입니다."

우리의 영혼을 위한 양식은 저절로 얻어지는 것이 아니라는 것을 잊지 마십시오!

물론 말씀은 들어야 하는 것이지만 하나님의 일용할 말씀의 양식을 규칙적으로 묵상할 때 우리는 영적으로 충만해질 수 있습니다. 예수님에게도 하나님의 말씀을 묵상하는 것은 매우 중요한 일과였습니다.

말씀을 묵상하는 그 자체를 위해 우리는 하나님과 함께 하는 'QT' 시간을 가져야 합니다. 예수님은 하나님과 함께 하기 위한 혼자만의 많은 시간을 보내셨습니다.

"새벽 오히려 미명에 예수께서 일어나 나가 한적한 곳으로 가사 거기서 기도하시더니"(막 1:35)

하나님의 아들인 예수님도 꽤 오랜 시간 동안 기도하셨습니다.

"예수는 물러가사 한적한 곳에서 기도하시니라"(눅 5:16)

성령님이 얼마나 친절하신지요. 성령님은 예수님이 어떻게 하였나를 우리에게 보여 주시며, 우리도 하나님과 함께 하는 혼자만의 시간을 가지기를 권면하고 계시지 않습니까!

물론 이를 이해하는 것은 쉬운 일이 아닙니다.

예수님은 하나님의 아들인데, 왜 홀로 기도하는 시간이 필요했을까요? 예수님은 "하나님과 함께 계셨고 하나님이셨습니다"(요 1:1 참조).

그러나 예수님은 시편 16편 8-11절에서 예언한대로 온전히 하나님의 임재를 경험하셨습니다.

"내가 여호와를 항상 내 앞에 모심이여 그가 내 우편에 계시므로 내가 요동치 아니하리로다 이러므로 내 마음이 기쁘고 내 영광도 즐거워하며 내 육체도 안 전히 거하리니 이는 내 영혼을 음부에 버리지 아니하시며 주의 거룩한 자로 썩 지 않게 하실 것임이니이다 주께서 생명의 길로 내게 보이시리니 주의 앞에는 기쁨이 충만하고 주의 우편에는 영원한 즐거움이 있나이다"

예수님은 하나님의 특별한 계획하심에 따라 살고 행동하고 존재하셨지만 (행 17:28 참조), 예수님은 많은 시간 아버지와 방해받지 않고 대화하기 위 해 세상일과 스스로를 단절시켜야 했습니다.

예수님은 조용히 묵상할 시간을 위해 일상사를 뒤로 하셔야 했던 것입니 다. 아마 "예수님은 21세기에 살지 않으셔서 그래요"라고 말할 분도 계실지 모릅니다.

그러나 진정 우리가 원하는 일을 위해서는 어떻게든 시간을 내지 않습니 까?

매일의 묵상 시간을 위해 조용한 장소와 시간을 선택하십시오.

매일 일정시간을 정해서 기도한다는 것이 쉽지 않을지라도 시도해보십 시오.

시간 날 때마다 기도하겠다고 하다보면 결국 안 하게 됩니다.

매일 하나님과 만날 시간을 정하십시오. 그리고 그 대화 내용을 노트에 적 으십시오.

저도 이것을 마스터한 전문가는 아닙니다.

저 레이 오틀런드는 이를 위해 부단히 노력했습니다. 목회를 하면서 많은 기쁨이 있었습니다. 수년간 저는 기쁨과 좌절 사이에서 수없이 왔다 갔다 했었습니다.

몇 달 전 저는 간절한 마음으로 이렇게 기도했습니다.

(제 생각엔 하나님도 기뻐하셨으리라 생각됩니다.)

"하나님 좋습니다.

이제부터는 매일 아침 5시 15분에 기도하면서 하나님을 만나겠습니다.

이 시간이야말로 찾아오는 사람도, 걸려오는 전화도 없겠지요."

그러나! 새벽 5시 15분이 어떤 시간인지 아십니까?

그 시간에 울려대는 알람시계가 얼마나 야속한지 아십니까?

그 시간에 침대는 또 얼마나 편안한지 아십니까?

이미 오래 전에 '일찍 일어나기 위해서는 일찍 잠자리에 들어야 한다' 라는 진리를 알고 있었습니다! 바쁜 일상 속에서 이는 쉬운 일이 아니었습니다.

바로 저는 조심스럽게 제 주간 계획을 세워야만 했습니다.

하나님을 만나는 일을 최우선으로 놓는다면 다른 일들은 제대로 잘 됩니다.

바로 그겁니다!

"기쁜" 마음으로 시작했습니다.

참 좋았습니다.

비록 오후에는 피곤했지만(낮잠을 청해야 할 정도로), 하나님과의 만남은 제게 큰 기쁨을 안겨주었습니다.

6개월이 지난 현재, 항상 성공했던 건 아니지만, 잘 적응하고 있고 저는 이 생활에 만족합니다.

솔직히 그 시간들을 뒤돌아보면 제게 획기적인 변화가 있었던 것은 아니지만 정말 감사하게도 제 삶 속에서 조용히 저를 승리로 이끌어주시는 하나님의 임재를 느낄 수 있었습니다. 이 때문에 새벽시간에 하나님을 만나는 것은 참 귀한 일입니다.

여러분과 하나님이 언제 만나게 될지는 여러분과 하나님께 달려 있습니다.

그러나 한 가지 당부 드리고 싶습니다.

때로 그 시간을 지킬 수 없고, 그 시간을 지키는데 실패했다 할지라도 자신을 너무 자책하지는 말기 바랍니다.

우리 중 누가 감히 완벽하고 한결같을 수 있다고 하겠습니까? 하나님의 도우심으로 계속 노력할 수 있는 것입니다.

성경을 읽는 주된 목적은 사도바울이 다메섹 언덕에서 물었던 두 가지 질문에 대한 답을 찾기 위함입니다.

"주여, 뉘시이니까"(행 22:8)

"주여, 무엇을 하리이까"(행 22:10)

성경을 펴기 전, 이 거룩한 시간에 하나님을 알고 그분의 말씀에 순종하는 이 두 가지 목적을 가지십시오.

그렇다면 어떻게 이 두 가지 목적을 구할 수 있을까요?

우선 말씀을 이해할 수 있는 지혜를 구하고, 그날 읽어야 할 말씀을 꼼꼼히 읽으십시오.

그리고 읽은 말씀에서 하나님과 예수님에 대해 무엇을 배웠는지 자문해 보십시오. 서두르지도, 빨리 끝내려고도 하지 말고 "주여 뉘십니까?"라고 물어 보십시오.

또한 그 말씀이 여러분을 향한 하나님의 뜻인지, 주님을 위해 무엇을 해야 하는지 물어보십시오. 그리고 주신 말씀을 위해 기도하고 여러분의 수첩에 그 말씀을 적어보십시오.

그리고 구체적인 기도를 하십시오. 개인적으로 저는 "ACTS"에 따라 기도합니다.

A–Adoration 경배하고

C–Confession 회개하고

T–Thanksgiving 감사하고

S–Supplication 간청(다른 사람과 자신을 위한) 하십시오.

기도하면서 우리는 기도에 대해 배울 수 있습니다.

지식과 마음을 다하십시오.

기도할 때 생각하십시오. 큰 소리 내어 기도하거나 공책에 여러분의 기도를 적는 것은 큰 도움이 되기도 합니다.

여러분의 마음의 소원을 아뢰십시오. 이때 진부한 표현은 버리기 바랍니다.

아마 하나님도 우리의 틀에 박힌 기도 문구에 이력이 나셨을 것입니다.

저는 기도로 제 하루를 계획하는 것이 매우 즐겁습니다.

하나님과 저는 그날그날의 일들을 계획하고 또 함께 실행에 옮깁니다.

예상치 못한 일까지도 말입니다.

비록 계획을 방해하는 계획에 없는 일이 벌어질지라도 미리 감사하면서 준비할 때 하나님께서는 그 일을 더 잘 감당할 수 있는 힘을 주십니다.

"하나님! 이것도 바로 주님이 '계획하신 것' 임을 믿습니다."

한번은 제가 글을 쓰고 있을 때, 한 동료 목사님이 예고 없이 방문하셨습니다.

조용히 묵상하는 것도 귀한 시간이었지만, 그 동료 목사님과의 대화 역시 소중한 시간이었음을 알게 되었습니다.

그 목사님과 대화하면서도 저는 하나님의 도우심을 구했고, 우리 하나님은 역시 그 목사님이 그 시간에 오셔야만 했던 이유를 깨닫게 하셨고, 저는 다시 저만의 기도 시간을 가졌습니다.

언제나 하나님을 의지하고, 하나님이 우리를 포근히 감싸주시는 것을 느끼는 것이 얼마나 중요한지요! 이는 제가 아는 그 어느 삶의 방법보다 우월한 것입니다.

최근에 한 의사 친구가 제가 가르치는 대학생들의 수련회에 동행했습니다. 함께 개별 기도하는 법을 배우고, 듣고, 이를 부지런히 실천에 옮겼습니다. 학생들이 간절히 하나님을 구하는 모습을 보고 그 의사친구는 이렇게 말했습니다.

"내 환자들이 이렇게 하나님을 따랐다면 내게 올 필요가 없었을 것입니다."

저와 제 아내는 종종 둘이서만 오랜 시간, 하루 종일 혹은 단 몇 시간 동안이라도 하나님을 찾을 필요성을 느낍니다.

때때로 좋은 날씨와 산과 바다가 우리를 유혹하지만 하나님 앞에 먼저 시간을 드립니다. 우리는 성경책과 노트를 가지고 와서 함께 그리고 각자 찬양하고, 기도하고, 말씀을 보면서 상쾌한 하루를 경험합니다.

함께 성경공부를 하는 것은 결혼생활을 점검하는데도 좋습니다.

"남편으로서 나는 몇 점이나 되지?"라는 저의 물음에 아내는 기도로 부드러워진 제게 '아주 솔직히' 답해줄 수 있습니다.

그리고 저는 화내지 않고 그 말을 받아들이면서 "하나님과 함께 하는 내 생활이 당신보기엔 어떤 것 같아? 어떻게 나아질 수 있을까?"라고 물을 수 있게 됩니다.

기도하는 날을 정해보기 바랍니다.

마음이 한결 산뜻하고 가벼워집니다.

우선 어떤 응답을 받고 싶은지 생각해 보십시오.

그리고 성경말씀을 정하여서 묵상한 뒤, 기도 제목들을 적어보십시오.

예수님도 평생 기도하는 삶을 사셨는데 제자인 우리가 기도해야하는 건 너무나 당연합니다.

시편의 기자는 이렇게 적고 있습니다.

"나로 주의 계명의 첩경으로 행케 하소서 내가 이를 즐거워함이니이다 내 눈을 돌이켜 허탄한 것을 보지 말게 하시고 주의 도에 나를 소성케 하소서 내가 주의 법도를 구하였사오니 자유롭게 행보할 것이오며"(시 119:35, 37, 45)

하나님의 은혜로 충만한 삶을 만끽하길 바랍니다!

"저희가 베드로와 요한이 기탄없이 말함을 보고 그 본래 학문 없는 범인으로 알았다가 이상히 여기며 또 그전에 예수와 함께 있던 줄도 알고"(행 4:13)

주님,

온전히 주님만 바라봅니다

이제 말씀하소서

바쁜 일상 속에서

제대로 들을 수 없었습니다

이제 제 마음에 속삭여주소서

오 주여,

말씀하소서

무너진 제 마음에

모든 것이 고요한 이때에…

승리하느냐, 마느냐는 전적으로 여러분의 선택에 달려있습니다.

•4장•
공적으로 예배드리기

이것은 마치 날씨와 같습니다. 모든 사람들이 이것에 대해 이야기하지만 정작 이것을 하는 사람은 많지 않습니다.

바로 예배에 관해 말하는 것입니다. 수천 명의 사람들이 매주 일요일마다 예배를 드립니다.

그러나 오직 소수의 사람만이 진정으로 예배드리고 대부분의 사람들은 그저 "교회에 출석"만 합니다.

우리는 예배에 대해서 진지하게 생각해 볼 필요가 있습니다.

크리스천으로서 우리의 임무는 예배드리는 것입니다,

매주! 매주 교회에 가지 않으면, 진정한 예배를 경험한다는 것은 일 년에 한번 혹은 거의 전무하게 됩니다. 그러나 매번 교회에 가면 죄 사함과 예배를 통한 평안을 얻을 수 있습니다.

예수님은 이 땅에 오셨을 때 이렇게 선포하셨습니다.

"아버지께 참으로 예배하는 자들은 신령과 진정으로 예배할 때가 오나니 곧 이 때라 아버지께서는 이렇게 자기에게 예배하는 자들을 찾으시느니라"(요 4:23)

예배는 누구나 할 수 있는 가장 숭고하고 고결한 행위입니다.

우리가 예배드릴 때 하나님은 기쁨을 이기지 못하십니다. 그리고 우리는 충만해집니다.

왜 예수님이 이 땅에 오셨을까요? 예수님은 죄인들을 예배자로 만들고자 오신 것입니다. 한때 자기중심적이었던 우리가 이제 완전히 변화 받아서 자기중심적 사고에서 벗어나 하나님께 예배드릴 수 있게 된 것입니다.

이것이 쉽지만은 않습니다! 예배가 최우선이 되어야 합니다.

절대적으로 모든 것이 하나님이 우리에게 명하신 '예배드림'을 위해서 두 번째 순위가 되어야 합니다. 예배가 중요한 임무임에도 불구하고 우리가 이를 등한시하고 있지는 않는지요.

예배드리는 자세에 있어서 우리의 어리석음이 그대로 드러나는 것을 보고 저는 참으로 안타까웠습니다.

많은 교인들이 주일 성수를 제대로 지키지 않습니다. 어떤 분들은 심지어 "예배에서 얻는 게 하나도 없어"라고 말하기도 합니다.

진정 아무 것도 얻는 게 없습니까?

영원히 썩지 않을 하나님의 말씀을 들을 때, 진정 얻는 게 아무 것도 없습니까?

열심히 손뼉치고 손을 들고 찬양하면서 진정 얻는 것이 없습니까?

예수 그리스도를 통하여 하나님 아버지께 기도할 때, 정녕 얻는 것이 아무 것도 없습니까?

그렇다면 이는 어떻게 진심으로 예배드리는지 모르기 때문입니다. 이는 우리가 진정한 예배가 무엇인지에 대해 크게 오해하고 있다는 것을 보여줍니다.

"난 정말 피곤해. 일요일이 그나마 유일하게 쉴 수 있는 날인데"라고 말할 사람이 있을지도 모릅니다. 그러나 주일날이야말로 유일하게 온전히 하나님께 드리는 날입니다.

우리는 "전적으로 예배" 드려야 합니다.

왜냐하면 예배가 바로 우리가 존재하는 이유이기 때문입니다.

만일 여러분의 직업이 하나님께 예배드리는데 방해가 된다면 그 일을 그만두고 다른 일을 구하십시오. 그러나 정말로 지금 하는 일이 예배드리는데 걸림돌이 되는지 깊이 생각해보십시오.

그리고 여기 미묘한 사실이 한 가지 있습니다. 바로 그 대단한 친교의 중요성이 우리가 예배를 등한시 하는데 큰 이유가 된다는 것입니다. 성도들 사이의 친교, 물론 소중합니다. 그러나 우리는 끊임없이 예배를 최우선시 해야 합니다. 이는 가장 으뜸이 되며, 그 어떤 것보다도 존귀한 것이기 때문입니다.

우리는 교회에 와서 하나님을 만나러 왔다는 것을 잊은 채 교회 식구들을 만나기에 바쁩니다.

그리고 정작 하나님과는 한마디도 나누지 못하고 교회 식구들과 열심히 대화만 하다가 갑니다. 저는 이 문제의 원인은 바로 예배의 중요성에 대해 우리가 제대로 배우지 못했기 때문이라고 생각합니다. 예배가 "본향의 편안함"으로 와 닿지 않기 때문입니다.

어떤 성도들은 유명한 성경공부모임에 열심히 참가하지만 주일 성수는 지키지 않습니다. 저는 이 사실에 매우 놀랐습니다.

한 어린이가 학교 수업시간에만 출석하고 가정과, 어머니의 사랑, 마음을 터놓는 따뜻한 대화와 포옹을 배우지 않는다면 어떻겠습니까?

한 가지 더 예배드림에서 우리의 부족함을 드러내는 것은 예배에 참석하는 우리의 태도입니다.

예배드리는 태도를 아무도 보지 못할 것거라고 생각한다면 오산입니다.

어떤 성도들은 교회에 와서 팔짱끼고 등받이에 몸을 기대고 주위를 두리번거립니다. 일종의 평가를 하는 거지요.

"오늘 저 목사 잘하나? 오늘 입은 바지는 제대로 잘 다려졌구먼. 성가대도 그런 대로 괜찮고."

이런 성도들은 아마 신학교 수업이나 유명한 성경공부모임에 참석해 본 적이 있을 겁니다. 그러나 예배드리는 법을 모른다면, 우리의 창조목적을 전혀 깨닫지 못한 것입니다. 이른바 '비평 전문 성도들'은 성경책을 하나님을 알기 위해서가 아니라 해설서로서 접근합니다.

어떤 크리스천들은 영적으로 아직 어려서 예배드리는데 부족한 모습을 보입니다. 아직 예배의 기쁨과 감격을 배우지 못했습니다.

그들은 어떻게 영적인 세계에 입문해서 하나님을 만나는지 잘 모릅니다.

그래서 "교회 다니신다면서요? 할 일이 그렇게 없으세요?"라는 말을 하는 문화에 노출되기도 합니다.

제 아내는 일전에 「예배에 취하여」라는 책에서 이렇게 썼습니다.

"성경에서 '예배'는 '절하기', '존경을 표하기', '손등에 입맞춤' 또는 '하나님의 임재를 표현하는 것' 등 다양한 의미로 쓰인다.

그리고 하나님은 우리와의 관계를 돈독히 하기 위해 예배를 만드신 것이다. 이는 마치 하나님 안에서 서로 사랑하는 부부관계와도 같다.

예를 들어 한 부인이 '저는 남편을 무척 사랑해요. 그이를 위해서 청소도 하고 음식도 만드는 걸요'라고는 하지만 정작 따뜻하게 어루만져 주지 않고 '사랑해요' 라는 표현에 인색하다면 그 결혼 생활은 부부 관계를 이어주는 중요한 양념이 빠져 무미건조하고 의미 없게 될 것이다.

부부간의 사랑표현은 하나님께서 그 관계를 지속시키기 위해 허락하신 특권입니다.

고린도전서 7장 5절에서도 "서로 분방하지 말라"고 명시하고 있습니다.

우리는 예배를 통하여 실질적으로 하나님과 더 가까워질 수 있습니다.

어떤 성도들은 "물론 하나님 사랑하지요. 저는 중고등부 교회학교 교사로 봉사하고 있는 걸요. 이만하면 충분하지 않나요?"라고 자족하는 분도 있습니다.

그러나 주일 예배도 자주 참석지 아니하고, 기도도 거의 하지 않으면서 "하나님 사랑해요"라고 한다면 이것은 하나님과의 관계에 있어서 진정한 그 무엇을 잊은 채 겉도는 신앙생활을 하고 있는 것입니다.

하나님은 "함께 모여 예배하기에 힘쓰라"(히 10:25 참조)라고 하셨습니다.

예배와 부부간의 사랑표현에는 몇 가지 공통점이 있습니다.

두 가지 다 규칙적으로 행해져야 하며, 두 가지 다 진심으로 해야 하는 것이며, 두 가지 다 엄숙한 맹세에 대한 결과물이기에 다른 어떤 것보다도 우선시 되어야 합니다."

어떤 사람들은 교회 의자에 앉아 있는 것이 너무나도 비개인적이라고 합니다.

그러나 예배드리러 갔을 때, 개인적으로 하나님을 만나십시오. 여러분 주위의 사람들이 무엇을 하든지 하나님 앞으로 나아가십시오.

요한복음 4장 23절에서는 "참으로 예배하는 자들은 신령과 진정으로 예배할 때가 오나니"라고 했고, 24절에서는 "예배하는 자가 신령과 진정으로 예배할지니라"라고 말하면서 23절과 24절 두 절에 걸쳐서 "신령과 진정으로" 예배드릴 것을 강조합니다.

어떻게 영으로 예배드릴 수 있을까요?

즉 어떻게 성령으로 또 우리의 육신의 영으로 예배를 드릴 수 있을까요?

첫째로, 우리가 제대로 예배드릴 수 있도록 우리를 인도해주시는 분이 바로 성령님이십니다.

에베소서 2장 18절에서 "이는 저로 말미암아 우리 둘이 한 성령 안에서 아버지께 나아감을 얻게 하려 하심이라"라고 말합니다.

성부, 성자, 성령, 이 삼위일체를 동시에 참여해야 합니다.

우리의 구원자이시자 우리 삶의 주인 되시는 예수 그리스도를 만나기 위해 성령님의 지혜와 힘의 도움으로 하나님 앞에 나아가야 합니다.

우리는 "신령으로" 예배드려야 합니다.

우리가 예배드릴 때, 얼마나 성령님의 도우심이 절실하게 필요한지요!

우리 안에는 영적으로 나태하게 하는 강력한 방해물이 있습니다.

우리의 본성은 하나님 중심적이 아닌 자기중심적이기 때문입니다.

「예배 안내서」라는 책에 소개된 기도가 절실히 필요합니다.

"전지전능하신 하나님,

우리의 세세한 모든 것을 아시고,

모든 욕망을 아시고,

모든 비밀을 숨김없게 하시는 하나님,

성령의 힘으로 우리 마음속의 생각을 깨끗케 하사 우리 주 예수 그리스도
로 인하여 하나님을 더 사랑하고,

성령님의 이름을 높여드리게 하옵소서."

이것이 유일한 길입니다.

우리의 예배는 성령님으로 인한 것이어야 합니다. 외부적인 요인은 중요
하지 않습니다.

제 아내가 쓴 책인 「진정한 예배」에서 한 부분 더 인용하겠습니다.

"우리가 누가복음 10장에 등장하는 마리아처럼 주님 발 앞에 앉아 우리의 창조자가 우리에게 말씀하시는 것을 듣는다면, 이것은 바로 고전적인 예배이다.

때론 진노하시는 하나님이시기도 하지만, 하나님은 사랑하는 자녀인 우리에게 피난처가 되어주신다.

우리의 평화, 진리, 정의, 희망, 생명 되신 하나님!

진정으로 하나님 앞에 나아가서 온 마음과 정성을 다해 찬양드릴 때 그 예배방식이 고전적인지, 현대적인지는 전혀 중요하지 않다."

하나님께서는 우리가 교회에서 드리는 예배방식이 현대식 예배이든, 고전적 예배이든 개의치 않으십니다.

예배방식이 중요한 게 아닙니다. 예배에 있어서 중요한 요소는 우리의 마음입니다.

우리는 예수 그리스도를 알아 가는데 힘써야 합니다. 성령으로 거듭남 없이 어느 누구도 예수를 '주' 라 부를 수 없습니다. 그리고 예수 그리스도를 알아가면서 성령님의 이끄심을 받을 수 있고, 비로소 예배에 첫걸음을 내딛게 되는 것입니다.

둘째로, 요한복음 4장 23절 "예배하는 자가 신령과 진정으로 예배할지니라"라는 말씀처럼 우리는 신령과 진정으로 하나님께 정결한 마음과 열정으로 예배드려야 합니다.

"오늘 예배는 어떤지 한번 보지 뭐"하는 관전하는 자세로 예배를 드려서는 안 됩니다.

절대 안 됩니다! 그런 마음으로 하나님 앞에 나와서는 절대 안 됩니다.

예배 인도자들에게 부주의하고 격식 없이 인사하며 "한번 축복해보시오"라는 태도로 예배를 관망하는 사람들을 "예배로 이끌려고" 노력하는 것은 무척이나 힘 빠지는 일입니다.

이런 자세는 그 영혼을 죽입니다. 마음을 상하게 합니다.

그리고 다른 성도들에게도 상처를 줍니다.

위대한 중국인 크리스천, 니(W. Nee)는 말했습니다.

"성도는 교회에서 수동적으로 예배에 참여해서는 안 된다.

성도들은 감히 방관하는 자세로 예배에 참석해서는 안 된다.

우리가 맡은 임무가 중요하든, 하찮은 것이든 간에 우리의 삶을 드림으로서 우리의 부재가 느껴져야 한다.

'도통 믿을 수가 없어서' 라는 말을 남발해서는 안 된다.

다른 사람들 모두 열심히 봉사하는데 단지 구경꾼처럼 모임에 참석해서는 안 된다. 우리는 하나님의 성전이며, 동시에 성도들이다. 이는 모든 성도들이 삶을 풍요롭게 하는 제단을 온전히 섬길 때 가능하다."

그리고 하나님은 예배를 통하여 끊임없이 우리에게 접근하고 계심을 진정 깨달아야 합니다.

모펫(Moffat)은 이사야 65장 1절을 알기 쉽게 이렇게 설명하였습니다.

"나에게 묻지 않았던 자들에게도 내가 이미 답을 준비했고, 나를 한 번도 찾지 않았던 자들에게도 내 얼굴을 보일 준비를 하였다.

나에게 부르짖지 않았던 백성들에게 '내가 여기 있노라'라고 소리 쳤다."

그러나 은혜로 충만한 성령이 우리에게 다가오실 때, 우리의 무지함으로 인하여 하나님의 사랑과 예배에 다가가지 못합니다.

마태복음 2장의 동방박사 이야기에 대해 잠시 생각해 봅시다.

그들은 예수님께 나와 경배 드린 최초의 이방인이었습니다.

그들이 주를 찾으러 나왔습니다. 그들은 성경이 없었습니다. 영적인 것에 대한 지식도 거의 없는 상태였습니다.

그러나 별을 따라 극동 아프가니스탄에서 거룩한 땅까지 먼 길을 와서 아기예수님의 탄생을 축하했습니다.

(하나님 앞에 나오기 위해 많은 지식이 필요한 것이 아닙니다. 하나님께

왜 나와야 하는지 알면 그것으로 충분합니다.)

> "헤롯왕 때에 예수께서 유대 베들레헴에서 나시매 동방으로부터 박사들이 예루살렘에 이르러 말하되 유대인의 왕으로 나신 이가 어디 계시뇨 우리가 동방에서 그의 별을 보고 그에게 경배하러 왔노라 하니"(마 2:1-2)

동방박사들은 이례적인 이 일을 연구하기 위해 왔노라고 말하지 않았습니다.

그들은 아기 예수님께 예배드리러 온 것이었습니다.

그리고 그들이 행한 그 귀한 일을 보십시오!

> "집에 들어가 아기와 그 모친 마리아의 함께 있는 것을 보고 엎드려 아기께 경배하고 보배합을 열어 황금과 유황과 몰약을 예물로 드리니라"(마 2:11)

그들은 엎드렸습니다.

하나님 앞에 겸손한 마음으로 엎드려 기도해 본 적이 있습니까? 그것이 바로 엎드리는 중요한 이유입니다.

"하나님 앞에 내 모든 것을 내려놓고 겸손한 마음으로 나가길 원합니다."

이런 마음으로 기도하는 것이 좋은 경험이 될 것입니다. 무릎 꿇고 하나님 앞에 부르짖기를 바랍니다.

요한계시록 4-5장에 하나님에 대해 가장 잘 아는 천사들과 천사장들이 계속적으로 하나님께 엎드려 예배하는 것에 대해서 묘사하고 있습니다.

그들은 하나님 발아래 엎드렸습니다.

그리고 예수님의 가슴에 기대었었던 예수님의 제자 요한이 환상을 경험하여 높은 곳에 계신 영화로우신 예수님을 보자 그 발 앞에 엎드려 죽은 자 같이 되었다고 했습니다(계 1:17 참조).

어떻게 교회에서 삐딱하게 의자에 앉아 팔짱을 낄 수 있습니까?

동방박사들은 즉시 예배드리는 방법을 터득했습니다.

그들의 마음은 매우 섬세하였습니다.

그들은 엎드려 예수님을 경배하고 아름답고 값비싼 예물도 드렸습니다.

그리고 "그들은 크게 기뻐하였습니다"(마 2:10 참조).

월요일부터 토요일까지 우리의 생활을 생각해봅시다.

주일날 우리의 마음가짐은 매우 중요합니다. 그렇다고 우리가 완벽해야 한다는 뜻은 아닙니다.

예배에 참석하는 우리는 죄인입니다. - 명백히 우리 모두가 말입니다.

그리고 하나님은 우리를 사랑하십니다. 그렇다고 우리는 이중적인 삶을 살 수는 없습니다.

하나님께서 아모스를 통하여 예배에 대해 말씀하시자, 아모스는 우리에게 이렇게 지시합니다.

"내가 너희 절기를 미워하여 멸시하며 너희 성회들을 기뻐하지 아니하나니 너희가 내게 번제나 소제를 드릴지라도 내가 받지 아니할 것이요 너희 살진 희생의 화목제도 내가 돌아보지 아니하리라 네 노래 소리를 내 앞에서 그칠지어다 네 비파소리도 내가 듣지 아니하리라 오직 공법을 물같이, 정의를 하수같이 흘릴지로다"(암 5:21-24)

8장에서 하나님은 더욱 자세히 이렇게 말씀하십니다.

"궁핍한 자를 삼키며 땅의 가난한 자를 망케 하려는 자들아 이 말을 들으라 너희가 이르기를 월삭이 언제나 지나서 우리로 곡식을 팔게 하며 안식일이 언제나 지나서 우리로 밀을 내게 할꼬 에바를 작게 하여 세겔을 크게 하며 거짓 저울로 속이며 은으로 가난한 자를 사며 신 한 켤레로 궁핍한 자를 사며 잿밀을 팔자 하는도다 여호와께서 야곱의 영광을 가리켜 맹세하시되 내가 저희의 모든 소위를 영영 잊지 아니하리라 하셨나니"(암 8:4-7)

여러분이 진정으로 예배를 드린다면, 여러분의 삶 전체가 변화하는 것을 발견할 수 있을 것입니다.

무슨 일이 일어날까요?

우리가 신령과 진정으로 예배드릴 때 하나님께서 여러분 삶을 성령의 불로 태워버리십니다.

예배를 드리고 나서 "이제 이런 일은 다시는 하지 말아야지" 또는 "사람들을 절대로 이렇게 대해서는 안 되겠구나"라고 다짐하게 됩니다. 그리고 다른 성도들과 하나님 앞에 다시 나아가 마음을 정화하는 예배를 드립니다.

예배는 죄를 전소시킵니다. 하나님의 자녀들이 함께 모여 예배드릴 때 하나님은 그 예배 가운데서 활활 타는 불처럼 역사 하십니다.

그러면 여러분 주변 사람들은 "교회 다니는 사람과 일하면 얼마나 좋은지 몰라"라고 말할 것입니다.

요한복음 4장에서는 "신령과 진정으로 예배드리라"라고 명합니다.

예수님께서는 두 번이나 진정으로 예배드리라고(23, 24 참조) 말씀하셨습니다.

이는 예배 드릴 때 우리의 마음을 결부시켜야 한다는 의미입니다.

우리는 대단히 감각적인 시대에 살고 있습니다.

우리 인간이 지적인 존재라고는 하지만 사실 기분과 감정이 우리의 대부분의 생각과 행동을 결정합니다.

수년 전에는 자동차 타이어 선전을 할 때, 질적으로 얼마나 좋은가를 강조하였습니다. 그러나 오늘날에는 비키니 수영복을 입은 젊은 모델 같은 감성적인 것을 보여주며 타이어를 선전합니다.

대체 그 둘 사이에 무슨 상관관계가 있습니까? 아무 연관이 없습니다.

이것이 바로 감각적인 광고입니다. 이 광고 제작자는 연상 작용을 이용하여 타이어를 볼 때마다 소비자가 미묘한 감정을 느껴 구매하도록 유도한 것입니다.

예수님이 누구십니까?

여러분은 누구의 이름을 부르고 있는 것입니까?

예수님에 대한 여러분의 교리상의 진실은 무엇입니까?

"예수"라고 부를 때, 여러분은 무슨 의미로 그렇게 부르는 것입니까?

우리는 경건한 마음으로 예수님을 경배해야 합니다.

예수님은 죽기까지 우리를 사랑하시고, 부활하신 찬양받기 합당하신 살아계신 하나님의 아들이십니다. 우리는 무릇 우리의 마음을 지켜야 합니다.

일전에 한 성도가 "교회에 갔더니 나사를 풀어서 머리를 떼놓는 것 같더라고요. 예배시간 내내 머리를 써서 생각할 필요가 전혀 없던데"라고 비판적인 어투로 말하는 것을 들은 적이 있습니다.

저는 그분에 대한 안타까움을 느낍니다. 왜냐하면, 그분이 온전히 하나님을 만나러 예배에 참석했다면 생각할 기회가 많았을 것입니다. 그러나 그분이 말하는 것은 '내 마음이 온전히 끌리지 않는 완전히 감정적인 예배 스타일은 싫더라' 라는 의미를 내포한 것 같습니다.

하나님은 이성적인 분입니다.

하나님은 마음과 정성을 다해 하나님 앞에 나오라고 우리를 부르십니다.

> "그러므로 형제들아 내가 하나님의 모든 자비하심으로 너희를 권하노니 너희 몸을 하나님이 기뻐하시는 거룩한 산 제사로 드리라 이는 너희의 드릴 영적 예배니라"(롬 12:1)

천국 시민들은 예수 그리스도에 대해서 잘 알고 있을 뿐만 아니라, 하나님에 대한 그들의 마음가짐은 진솔합니다. 또한 그들이 하나님을 바라보는 진실한 관점은 충만하고, 그러한 그들의 열정 또한 지적일 뿐만 아니라 충만합니다!

요한 계시록 19장에서는 하늘에 계신 하나님의 영화로운 모습을 잘 묘사하고 있습니다.

> "또 이십사 장로와 네 생물이 엎드려 보좌에 앉으신 하나님께 경배하여 가로되 아멘 할렐루야 하니"(계 19:4)

이 얼마나 아름다운 열정입니까! 우리에게도 이같은 열정이 필요하지 않겠습니까?

> "또 내가 들으니 허다한 무리의 음성도 같고 많은 물소리도 같고 큰 뇌성도 같아서 가로되 할렐루야 주 우리 하나님 곧 전능하신 이가 통치하시도다 우리가 즐거워하고 크게 기뻐하여 그에게 영광을 돌리세"(계 19:6-7)

많이 알 때 하나님께 크게 예배와 경배를 드릴 수 있습니다. 하나님께 주의를 다한다는 것은 우리가 할 수 있는 가능한 최대한의 집중력을 발휘하는 것을 말합니다.

우리 복음주의자들은 이점에 대해 충분히 생각해보지 않았습니다.

예를 들어 예배드리기 전에 준비를 해야 합니다. 30분 정도 일찍 나와서 하나님 앞에 앉아야 합니다. 혹은 일찍 나오는 대신에 5분 정도 밖을 걸어다니며 하나님을 생각하며 하나님과 대화하는 것도 좋은 방법이 될 것입니다.

예배드리기 전에 "긴장을 풀어서" 예배드리고 난 후 옳은 방법으로 다시 긴장해야 합니다. 우리는 예배드리기 전에 어떻게 하나님께 기도하고, 어떻게 하나님을 사랑해야 하는지 배워야 합니다.

여러분은 왕의 왕 되신 하나님과 시간 약속을 한 것이기에 커피 한 잔이나, 다른 어느 누구와의 약속 때문에 이 약속에 늦어서는 안 됩니다.

만약 교회에 오는 길에 하나님께서 특별히 타이어가 터지는 일이 일어나게 하셨다면, 타이어를 교환하면서 하나님을 찬양하십시오. 그러나 교회 안으로 들어올 때 여러분 자신을 위해 기도하고 다른 사람을 위해 기도하며, 예배에 참석한 이들을 위해 기도하십시오.

교회에 들어서면 한눈 팔지 마십시오.

그리고 다른 성도들의 신경을 거슬리지 않게 조심하십시오.

돌아다니지 마십시오.

방해하지 마십시오.

말하지 마십시오.

조용히 교회 안으로 들어가 하나님 앞에 나아가십시오.

하나님께 여러분의 마음과 정성을 전적으로 바치십시오.

예배가 막 시작되었을 때, 하나님 앞에 마음을 내려놓으십시오.

하나님과 함께 하십시오.

하나님의 사람들과 함께 하십시오.

찬양하십시오!

찬양할 때, 생각하고 하나님 앞에 찬양을 드리십시오. 성가대가 특별 찬양을 할 때, 주보를 읽지 마십시오. 그건 집에 가서 읽을 수 있습니다.

찬양 인도팀이 하나님을 대신하여 여러분에게 하는 말에 귀 기울이고 여러분을 대신하여 하나님께 아뢸 때 참여하십시오.

예수 그리스도의 이름으로 여러분께 권고하건대, 다른 성도들과 더불어 어떻게 하나님을 경배하는지 배우기 바랍니다. 하나님께 드리는 이 찬양은 우리의 마음을 천국으로 전달하는 교통수단과도 같습니다.

성경 봉독을 할 때에는 찬송가의 한 구절 한 구절을 "영생의 양식을 나에게도"라는 간절한 마음으로 읽으십시오.

대표기도를 할 때, 하나님과 함께 하십시오.

하나님은 결코 무뚝뚝하시지 않습니다!

대표기도를 하는 분들을 위해 기도하십시오.

대표기도를 하는 분들은 성령님의 인도하심을 따라 기도할 수 있도록 기도 부탁을 받았을 때부터 준비해야 합니다. 성도들을 기도로 이끈다는 것은 놀라운 일입니다.

설교 중에는 메모를 하십시오.

성경책에 줄을 그으십시오.

자신을 위한 메모를 하십시오.

"이것이 내가 하고 싶은 일이다……" 사도바울이 고린도 교회에 "십자가의 도가 멸망하는 자들에게는 미련한 것이요 구원을 얻는 우리에게는 하나님의 능력이라"(고전 1:18)라고 말한 것을 기억하십시오.

신약성경에서는 설교야말로 전 교인이 한마음으로 자신의 믿음을 널리 공포하는 것이라고 했습니다.

위대한 설교자 포사이스(Forsythe)는 "설교는 전 교회가 협력하여 드리는 찬양이다"라고 정의 내렸습니다.

찬양 인도자나 설교자들은 – 만일 그들이 은혜롭다면 – 역할이 주는 비중이 큰 만큼 두려움을 느낍니다. 이러한 직무는 은혜로운 일이지만 탈진을 경험하는 일이기도 합니다.

따라서 많은 기도 지원이 필요합니다.

예배를 마치면서 마음을 가다듬고 하나님의 은혜를 따라 계획하고 그 진리에 따라 행하십시오.

또 하나 당부 드리고 싶은 것은, 예배가 중심이 되는 것이 아닌 하나님이 중심이 되게 하십시오!

교회를 다니면서 "예배 참 좋았지?"라고 말하지 말고 "하나님을 만나서 기뻤지?"라고 하십시오.

사랑이라는 감정과 사랑에 빠지는 것은 좋지 않습니다.

사랑하는 그 대상과 사랑을 해야 합니다.

우리는 하나님과 함께 하기 위하여 예배드려야 합니다.

마음을 다하여 하나님 앞에 나아가십시오.

"신령과 진정으로"는 "영적인 분위기로" – 성령, 그리고 "진리의 분위기로" – 예수 그리스도를 의미합니다.

예배는 올려 드리는 것입니다.

예배는 치료입니다.

예배는 위로입니다.

예배는 삶을 풍요롭게 합니다.

예배는 그리스도를 영화롭게 하는 것입니다.

하나님을 예배하는 것은 성장입니다.

예배방법에 대해서 많이 배우기를 권면합니다. 될 수 있는 한 많이 말입니다.

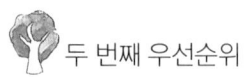

그리스도의 몸 된 교회에 헌신하십시오.

우리가 탄 경비행기가 북아메리카 산봉우리를 지날 무렵 기류에 덜컹거리면서 심하게 흔들리자 저와 제 아내, 클리프, 칼은 서로의 눈을 쳐다보았습니다.

그리고 우리는 큰소리로 돌아가는 엔진소리보다 더 크게 기도를 했습니다.

"주여, 우리가 여기 있습니다.

우리가 지금 부르심을 받아 콜롬비아와 파나마 위클리프 선교회에 말씀을 전하러 가고 있습니다.

우리는 그곳 사람들을 알지 못하지만, 주님의 계획하심을 믿습니다.

하나님의 놀라운 계획으로 우리를 보내심을 믿습니다."

이곳 위클리프 지부에서 매년 심령성회를 개최하는데 제가 강사로 초청되었습니다.

그러나 리버사이드 교회의 두 번째 약속이 혼자가 아닌 팀 사역을 추구하는 것이었습니다.

우리는 형제, 자매들과 함께 결정했습니다.

그래서 "함께"가 아니면 "가지 않겠다"라는 결정을 했습니다.

위클리프 측에 강사제안을 수락하겠노라고 하면서 "가능하다면 저를 비롯하여 한 팀과 함께 가겠습니다. 경비는 하나님께서 마련해 주시겠지요"라고 말씀드렸습니다.

위클리프에서 좋다는 허락이 떨어지자 우리는 기도했습니다.

곧 성령님께서 제 아내 앤(갑자기 아내의 비행기 표가 구해졌습니다.), 교장 선생님이신 클리프와 치과 의사이신 칼을 지목했습니다.

우리 네 명은 이미 서로를 잘 알고 사랑으로 뭉쳤습니다.

그러나 여느 때와 마찬가지로 준비 과정에서 하나님께서는 우리를 온전한 하나가 되게 하셨습니다.

이는 사도바울과 그 팀도 거친 과정입니다.

바울은 바나바와 실라, 디모데 그리고 디도에게 "우리가 동일한 성령으로 행하지 아니하더냐. 동일한 방법으로 하지 아니하더냐"라는 서신을 보낸 적이 있습니다.

요동치던 경비행기가 마침내 로마 린다(Loma Linda) 정글의 '혼다 시티'(Honda City)에 무사히 착륙했습니다.

우리 네 사람은 매일 하루에 한번씩 모여 보고하고, 기도하고, 계획하고,

웃고, 울며 하나님의 도우심을 구했습니다.

우리가 함께 모여 있을 때는 우리 자신이 두 배가 되는 것 같았습니다. 즉 네 명의 입이 한 말씀을 전했으니 말입니다.

모임 중에 어느 한 사람이 혹은 모두가 말하기도 했습니다.

우리는 사역하는 그리스도의 지체였습니다.

삼차원으로 두 번째 약속을 지키다니. 곧 우리는 그곳에서 우리의 목적을 깨달았습니다.

모임을 갖던 중에 이름 없이 빛도 없이 헌신하는 선교사님들을 위해 우리를 보내신 하나님의 뜻을 깨닫게 되었습니다.

선교사님들은 제1우선순위인 하나님께 헌신하셨습니다.

그렇지 않고서는 잘 알려지지 않은 언어로 성경을 번역하는, 미국에서의 보수가 괜찮은 직업도 마다한 채 강도 높은 훈련을 받지 않았을 것입니다.

분명 선교사님들은 제3우선순위 자신의 일에 최선을 다하고 있었습니다.

그렇지 않고 어떻게 오지에서 수년간 꾸준히 생소한 언어를 종이에 옮기며 살 수 있었겠습니까.

그러나 그리스도의 지체에 헌신하는 것은 어떻습니까?

선교사님들은 첫 번째 규칙에서 세 번째 우선순위로 바로 건너뛰었습니다.

그래서 여러 사람과 모여 있어도 외로움을 느끼고 있었습니다.

우리는 선교사님들에게 우리가 팀으로 사역하면서 어떻게 두 번째 우선순위를 배웠는지를 말씀드렸습니다.

소그룹에서 이런 대화를 나누었습니다.

"저는 선교사님께 책임이 있고 선교사님도 제게 책임이 있습니다.

제가 가진 모든 것은 선교사님의 것입니다.

그러니 쓰십시오. 저는 선교사님의 자녀를 위해 고민하겠습니다.

그리고 제 자녀를 위해 고민해 주십시오. 말씀을 읽고 깨달은 바를 제게 가르쳐 주십시오. 제가 아는 바를 가르쳐 드리겠습니다.

이것이 저의 연약한 부분입니다.

그러니 저를 붙잡아주시고 강해질 수 있도록 기도해 주십시오. 함께 하나님께 영광 돌립시다."

매우 헌신적이고 때론 시기하고 업무 중심적이었던 선교사님들은 "어떻게 이런 시간을 가질 수 있을까요? 이제 제가 어떻게 사역을 해야 할지도 모르겠습니다"라고 한 목소리를 내어 말했습니다.

위대한 남부 캘리포니아 운동에서 막 훈련을 받고 나온 우리 네 명의 파사덴나 교인들은 말했습니다.

"잠시 여러분의 목표를 보류해 두십시오. 예수 그리스도가 우선입니다.

그 다음이 여러분의 아내, 자녀, 외로운 이웃 그리고 상처받은 친구들입니다.”

여덟 번째 날, 목요일 오전 8시 모임에서 콜롬비아와 파나마 지역 위클리프 선교회가 주안에서 하나 되는 역사를 체험했습니다.

(어떤 분은 ‘성령의 역사는 저녁때만 일어나는 줄 알았는데’ 라며 그날의 감격을 잊지 못합니다.)

선교사님들은 서로에 대한 사랑을 표현했습니다.

과거의 상처에 대해 용서했습니다. 오랫동안 가슴속에 담아두었던 과거의 상처들이 눈물과 웃음 속에 사그라졌습니다.

그 순간 서로에 대해 기도했습니다. 그 밀림지역에 대한 인간적 두려움이 눈 녹듯이 사라졌습니다. 그곳 원주민들에 대한 사랑과 연민의 감정이 다시금 타올랐습니다.

마음이 맞는 사람끼리 자연스럽게 소모임을 형성했습니다.

며칠 전 저는 그곳에 계신 한 분의 간증 테이프를 통하여 저희가 머물렀던 그 기간이 그분 삶에 얼마나 많은 변화를 주었는지에 대해 들었습니다.

여러분, 순서가 절대 셋째, 첫째가 아닙니다.

첫째, 셋째도 아닙니다.

이 우선순위는 바로 첫째, 둘째, 셋째입니다.

순서대로입니다.

• 5장 •

다른 믿음의 사람들과 사역하기

한 자녀가 대학에 진학하여 어머니께 보낸 첫 번째 편지에 이렇게 쓰여 있었습니다.

"엄마, 저 진짜 외로워요. 제 마음 깊이 제 자신이 아무 것도 할 수 없을 것 같은 두려움도 느껴요."

연로하신 성도 한 분이 이렇게 말한 적이 있습니다.

"내 평생 항상 고독을 느꼈지. 그러나 요즘 그 어느 때보다도 더 외로운 것 같아. 내 자식들이 잘해주고 사랑한다는 것은 알지. 그러나 자녀들에게 난 골칫덩어리일 뿐이야. 마음 터놓고 이야기하고 싶어도 몇 번 시도해 보면 자식들은 이해 못하겠다는 듯이 날 쳐다보거든."

우리 모두 외로움을 압니다.

예수님은 우리를 하나님께로, 그리고 교회로 부르심으로서 우리의 외로운 감정을 다루십니다.

이제 막 교회에 등록하신 나이 드신 성도들과 청년들은 이구동성으로 말합니다.

"가족보다 교회 사람들과 더 친밀함을 느껴요. 교회 성도들이 저를 더 잘 이해해 주시고요."

크리스천으로서 여러분과 제가 가진 가장 큰 의지는 예수 그리스도의 임재입니다.

그 다음 가장 소중한 자랑은 성도 사이의 친교입니다.

저는 교제, 즉 하나님의 가족 구성원으로서의 관계를 위해 해야 할 일들을 다룬 세 곳의 성경 말씀을 보길 원합니다.

마태복음에서는 성도들이 모일 때 예수님의 임재에 대해서 말합니다.

말라기에서는 예배드리기 위해 함께 모인 성도들을 향한 하나님의 마음에 대해 말하고 있습니다.

로마서에서는 사도바울은 그리스도 안에서 한 형제, 자매로서 갖추어야 할 영적 조건에 대해서 알려줍니다.

마태복음 18장 20절에서 예수님은 "두세 사람이 내 이름으로 모인 곳에는 나도 그들 중에 있느니라" 라는 예수님의 말씀을 기록하고 있습니다.

마태복음 18장에서 예수님은 하나님 앞에 모인 성도들에게 힘과 권위를 주신다고 말하고 있습니다. 비록 가장 적은 수일지라도 하나님께는 중요합니다. 하나님은 영적인 외로움의 애처로움과 위험성과 불안정성을 아십니다.

하나님은 자발적으로 독신생활을 하는 성도의 부족함을 아십니다.

독신으로 지내는 것(하나님이 정하신 것이 아니라면, 어떤 특수한 상황 때문에), 독신이 되길 선택하는 것은 실패를 자초합니다.

구약시대에 이스라엘 백성들이 모세의 법에 따라 일 년에 몇 차례 함께 모이도록 가르침을 받은 것을 기억하십시오. 이를 위해 먼 길을 마다하지 않고 전국 각지에서 모였습니다.

때로는 함께 모여 때로는 한 주 동안 음식을 나누기 위해, 통곡하기 위해, 하나님이 행하신 일에 기뻐하고 감사하기 위해, 때로는 회개하기 위해, 은혜에 감사하기 위해, 함께 모이는 것은 하나님께 택함 받은 백성이라는 민족적 자긍심을 확인하는 것이기에 많은 사람이 모이는 이 행사는 매우 중요한 것이었습니다.

"두세 사람이 내 이름으로 모인 곳에는 나도 그들 중에 있느니라"(마 18:20)

시편 기자도 이스라엘 민족의 모임에 대해 이야기합니다.

"우리가 같이 재미롭게 의논하며 무리와 함께하여 하나님의 집안에서 다녔도다"(시55:14)

이 얼마나 아름다운 일입니까? 이 때문에 히브리왕도 권면했습니다.

"서로 돌아보아 사랑과 선행을 격려하며 모이기를 폐하는 어떤 사람들의 습관과 같이 하지 말고 오직 권하여 그날이 가까움을 볼수록 더욱 그리하자"(히 10:24-25)

그러나 오늘날 주일 예배를 보면, 아름답기는 하지만 뭔가 빠진 듯합니다.

믿음의 선조들의 삶의 모습을 본받아야 합니다.

사도행전 2장 44-46절에서 어떻게 그들은 쉬지 않고 매일 모였는지에 대해 말하고 있습니다.

그것은 두 가지 방법이 있습니다.

그들은 정기적으로 성전에 함께 모여 예배드렸습니다.

그리고 매일 소모임을 이루어 각 가정에서 음식을 나누어 먹었습니다.

둘 중 하나가 아니라 둘 다 중요합니다.

만일 교회에 와서 낯선 사람처럼 지낸다면 예배가 딱딱할 것입니다.

(우리 주변에는 수년을 알아도 낯설게 느껴지는 분들이 계십니다.)

그러나 소모임을 구성하여 계속적인 모임을 가지면 - 성경공부 하고, 기도하고, 서로의 도움의 필요를 고백하고 서로에 관해 책임감을 느끼고, 서로를 격려해주면서 위로해주고, 도움을 주다보면 - 주일 예배 때 사랑과 감사 찬양으로 가득한 성령의 자기장에 자석처럼 함께 끌려들어갈 것입니다.

예수님께서는 "내 이름으로 두 세 사람이 모이면…"이라고 하셨습니다.

즉 예수님의 이름이 특별한 친교의 기초가 된다는 것입니다.

우리는 그 이름을 위해 모이는 사람입니다.

"사람들은 그가 사귀는 친구를 닮는다" 또는 "친구를 보면 그 사람이 어떤 사람인지 알 수 있다"라는 말이 있습니다.

토마스 칼일리(Thomas Carlyle)는 "당신이 존경하는 사람의 이름을 대시오. 그럼 당신이 어떤 사람인지 알 수 있습니다"라고 말했습니다.

솔로몬 왕도 이렇게 말했습니다.

> "지혜로운 자와 동행하면 지혜를 얻고 미련한 자와 사귀면 해를 받느니라"(잠 13:20)

궁극적으로 우리는 친구를 선택합니다.

신중하게 친구를 선택하십시오. 친구들은 여러분이 책임져야 할 대상입니다! 그리고 만일 우리의 친교가 예수 그리스도 안에서 의미 있고 소중하다면, 이 심오한 관계를 통해 우리에게 일어나는 아름다운 일을 알아야 합니다.

우리는 모두 해변에서 볼 수 있는 "평범한" 흰 조개와 같습니다.

만일 이 조개가 갈색 바위에 붙으면 갈색이 됩니다.

또는 붉은 바위에 붙으면 붉은 조개가 됩니다.

이 놀라운 진리를 우리 성도들에게도 적용하면, 예수 그리스도가 우리 가운데 계시면 우리는 더욱 주님을 닮아가게 됩니다.

말라기 3장 16절을 봅시다.

그리스도는 우리가 예수님의 이름으로 모일 때 함께 하시겠다고 하셨을 뿐만 아니라 우리가 만나서 나누는 대화를 기록하시겠다고 하십니다!

이는 실로 놀라우며, 정신을 번뜩 뜨이게 합니다.

> "그때에 여호와를 경외하는 자들이 피차에 말하매 여호와께서 그것을 분명히 들으시고 여호와를 경외하는 자와 그 이름을 존중히 생각하는 자를 위하여 여호와 앞에 있는 기념 책에 기록하셨느니라"(말 3:16)

피차 말하는 것은 '지금 잠깐 했다가 나중에 또 잠깐' 하는 것이 아닙니다.

하나님의 자녀는 계속해서 하나님에 대한 대화를 나누어야 합니다.

함께 모여 이야기를 나누는 일은 정기적이어야 합니다.

그렇지 않으면 우리의 의도가 아무리 좋다 하더라도 바쁜 삶 속에서 어영부영다가 결국 모임이 무산되기 쉽습니다.

제 아내 앤은 3명의 믿음의 자매들과 특별한 팔찌를 맞추어 착용하고 있습니다. 세 개의 장식이 달린 이 팔찌에는 이름과 특정 성경구절이 새겨져 있습니다.

이 네 명은 12개월 동안 서로 말씀을 나누었습니다. 매주 화요일과 목요일 아침에 각 사람이 세 명에게 서로 전화를 걸었습니다.

자매들은 자신이 지난번 전화로 말씀 나눈 것과 다른 새로운 말씀을 나눌 준비가 되어 있다는 것을 알고 있었습니다. 그렇다면 지난 며칠은 말씀에 대한 복습을 한 셈입니다.

기도제목이 있으면 전화로 기도하기도 했습니다.

성공적인 말씀 적용에 대한 격려를 하기도 했습니다.

다음 전화 통화가 있을 때까지 말씀 적용과 기도를 했습니다.

매주 수요일 점심엔 점심식사를 함께 했습니다.

그 모임의 주된 목적은 하나님을 찬양하고, 높이고 예배드리기 위함이었습니다.

제가 리버사이드 교회에서 목회하고 있을 때, 이와 같이 잘 조직된 "서로 말씀 나누는 소 모임"이 매주 수백 개가 생겼습니다.

말라기에서 하나님께서 모인 이들을 "주시 하신다"라고 하신 것을 기억하십시오.

하나님은 모인 이들이 누구인지 바로 알아채셨습니다.

하나님은 모인 이들에게 주목하셨고, 귀 기울이셨고, 그리고 그들이 말하는 것을 기록하셨습니다.

하나님은 주의 깊게 우리가 다른 믿음의 자녀들과 우리의 마음을 나누며 자녀로서 책임을 다하고 있는지에 대해 주목하십니다.

친교에 대한 하나님의 입장은 우리가 어디서 모이든 함께 하시겠다는 것입니다.

하나님이 함께 하십니다!

우리의 하나님은 친교의 하나님이십니다.

성부, 성자, 성령의 삼위일체이신 하나님이십니다.

하나님은 고립된 한분이 아닌 연합체이십니다.

우리 하나님은 스스로 연합체이시며, 하나님의 형상대로 창조된 우리 역시 고립된 개체가 되기 위해 창조되지 않았습니다.

스스로 결정을 내리기 위함도, 우리 자신을 위해 보화를 축적하기 위함도, 스스로를 고립시키기 위함도, 다른 고독한 존재들 사이에서 고독한 존재가 되기 위함도 아닙니다.

영어로 친교, fellowship이라는 말은 매우 흥미로운 단어입니다.

그 어원은 앵글로 색슨 족의 단어 'fee' 인 '함께 하는 사람' 에서 나온 말입니다.

"Fee" 라는 말은 소(牛)라는 뜻으로 그 당시 소는 '부' 의 상징이었습니다.(오늘날 우리는 영어로 'fee' 라는 말을 돈을 지불하다는 뜻으로 여전히 쓰고 있습니다.)

그래서 사람들은 진실로 서로를 신뢰했을 때 협동조합을 함께 세웠습니다.

소를 함께 풀어 놓았습니다.

벽을 허물어 담장을 없앴습니다.

소들을 한 무리 안에서 함께 키운 것입니다.

"당신과 소를 함께 키우는 관계(fellowship)가 되고 싶습니다. 당신을 신뢰합니다"라고 말했겠지요.

이것이 바로 하나님께서 우리를 부르시는 방식입니다.

저는 21세기 크리스천들이 초창기 크리스천들의 '기금을 함께 관리했던 것'으로부터 많이 배운다는 것에 대해서 매우 회의적입니다. 우리는 친교가 진정으로 의미하는 것에 대해 아직 진지하게 생각해보지도 않았습니다.

빌리 그레이엄(Billy Graham) 목사님은 지금 목회를 할 기회가 또 한 번 주어지면 무엇을 하시겠냐는 질문에 "제일 먼저 하고 싶은 일 중 하나가 8-10명 혹은 12명으로 구성된 소모임을 구성해서 일주일에 몇 시간 주안에서 친교를 나누는 것입니다! 시간과 노력이 필요하겠지요. 제가 가진 모든 것을 그 소모임 구성원들과 2년 정도 나눌 것입니다.

그렇게 되면 실제로 저는 12명의 평신도 사역자를 두게 되는 것이고, 그분들이 차례로 8-12명을 모아 가르칠 것입니다"라고 대답했습니다.

예수님께서 바로 이런 일을 하셨습니다.

불멸의 진리를 가르치시면서 대부분의 시간을 열 두 제자들과 보내셨습니다.

예수님은 함께 할 12명의 제자들을 부르셨습니다. 예수님은 제자들과 함께 사역하셨고, 훈련시키셨고, 사랑을 베푸셨습니다.

그리고 훗날 다른 사람들을 제자 삼으라고 하셨습니다.

제자들이 함께 했을 때, 하나님의 영의 사역과 교차하였습니다.

제자 됨은 오늘날 성도들에게도 매우 중요한 과제입니다. 모든 성도들은 가르침을 줄 수 있는 연륜 있는 성도와 가르침을 받을 새신자가 있어야 합니다.

이것이 바로 그리스도의 몸 된 교회의 기능입니다.

여러분에게 제자 됨을 가르쳐 줄 사람이 있습니까? 충분히 기도해 보신 후에 가서 그분이 당신을 이끌어 주실 의향이 있는지 물어보십시오. 그리고 기꺼이 순종하십시오. 그러나 에베소서 5장의 말씀처럼 성령의 능력에 힘입어 서로 온화한 관계를 맺어야 합니다.

그러면 누구에게 제자 됨을 가르쳐야 할까요? 아무에게나 가르쳐주지 마십시오. 세상적인 것을 지극히 좋아하는 사람을 가르치면 그 사람은 예수님을 항상 2순위에 둡니다.

그러나 다음의 자격 요건을 명심하십시오.

- 마음
- 학습 능력
- 수용 가능성

이것이 바로 예수님이 우리에게 마지막으로 주신 명령에 순종하는 일입니다.

"그러므로 너희는 가서 모든 족속으로 제자를 삼아 아버지와 아들과 성령의 이름으로 세례를 주고 내가 너희에게 분부한 모든 것을 가르쳐 지키게 하라 볼지어다 내가 세상 끝날까지 너희와 항상 함께 있으리라 하시니라"(마 28:19-20)

이것이야말로 용감하고 성경적인 그리스도 정신입니다!

사도바울이 우리의 좋은 본보기입니다. 그는 절대 혼자 사역하지 않았습니다. 바울은 디모데와 함께 또는 디모데와 실라가 함께 고린도 교회들에게 서신을 보냈습니다.

로마서 끝부분을 보면 사도바울이 혼자서 편지를 보낸 것이 아님을 알 수 있습니다.

"나의 동역자 디모데와 나의 친척 누기오와 야손과 소시바더가 너희에게 문안하느니라"(롬 16:21)

바울은 팀을 짜서 함께 선교 여행을 다녔고, 그를 따르는 자들을 잘 보살펴주었습니다.

왜일까요?

예를 들어 바울을 따랐던 디모데는 사도바울의 선교여행 동행자였으며, 소모임의 한 구성원이었고 전도할 때는 동역자였습니다.

> "나의 친척 누기오와 야손과 소시바더가 너희에게 문안하느니라 이 편지를 대서하는 나 더디오도 주 안에서 너희에게 문안하노라 나와 온 교회 식주인 가이오도 너희에게 문안하고 이 성의 재무 에라스도와 형제 구아도도 너희에게 문안하느니라"(롬 16:21-23)

바울은 혼자 사역하지 않았습니다.

하나님은 사람을 모아 그들 가운데서 위대한 일을 행하십니다.

몇 년 전 메사추세츠 주 윌리엄 대학에서 형제들 몇 명이 기도 모임을 가졌습니다.

하루는 세계 복음화를 위해 기도하던 중 천둥이 쳐서 급히 건초더미 아래로 피하게 되었습니다. 하나님은 바로 그 건초더미 밑에서 그들을 만나주셨고, 오늘날 우리가 잘 알고 있는 선교운동이 시작하게 되었습니다.

이 형제들은 곧 전 세계로 복음을 들고 나아갔습니다.

이들이 복음전파에 열정을 품었을 때 하나님은 그들을 친히 만나주셨고, 인도하셔서 건초더미에서 세계로 뻗어나가게 하신 것입니다.

뉴욕 월스트리트 가에 있는 '횃불성공회 교회' 전임 목사님은 일전에 이런 글을 기고한 적이 있습니다.

"교구에 훌륭한 지도자나 열정적인 모임, 진정한 예수님의 제자가 된 구성원들 없이는 교구가 그 기능을 제대로 발휘하지 못한다는 것을 목회경험을 통해 배웠다.

대부분의 교구가 처한 문제는 교구장을 포함한 어느 누구도 성령 안에서 변화 받지 못했다는데 있다.

심지어 목회자가 헌신하고 희생한다 할지라도 구성원들이 변하지 않으면 발전하기 힘들다."

교구 구성원들이 합심하여 기도하고, 성경공부하고, 친교를 나눌 때 교구가 그 기능을 발휘할 수 있습니다.

로마서에서 사도바울은 성도들 간의 친교를 돈독하게 하기 위한 영적 요소를 나열했습니다.

첫째, 바울은 폭넓은 친교를 권합니다.

즉 자신과 생각이 같은 사람하고만 어울리지 마십시오.

로마서 15장 1-3절 말씀을 봅시다.

"우리 강한 자가 마땅히 연약한 자의 약점을 담당하고 자기를 기쁘게 하지 아니할 것이라 우리 각 사람이 이웃을 기쁘게 하되 선을 이루고 덕을 세우도록 할지니라 그리스도께서 자기를 기쁘게 하지 아니하셨나니 기록된바 주를 비방하는 자들의 비방이 내게 미쳤나이다 함과 같으니라"

자신보다 연약한 사람들과도 친밀하게 지내십시오.
아마 "연약한 사람들이 누군가요?"라고 물어볼 분들도 계실 겁니다.
로마서 14장 1-2절 말씀을 보십시오.

"믿음이 연약한 자를 너희가 받되 그의 의심하는 바를 비판하지 말라 어떤 사람은 모든 것을 먹을 만한 믿음이 있고 연약한 자는 채소를 먹느니라"

연약한 자들이란 율법주의자들을 말하는데 즉, 그들은 하지 말아야 할 것과 해야 할 것에 대해 논쟁하면서 신앙심을 확인합니다.
그 다음절에서 사도바울은 "먹는 자는 먹지 않는 자를 업신여기지 말고 먹지 못하는 자는 먹는 자를 판단하지 말라. 이는 하나님이 저를 받으셨음이니라"라고 당부합니다.
로마서 14장 19절에는 또 "이러므로 우리가 화평의 일과 서로 덕을 세우는 일을 힘쓰나니"라고 쓰여 있습니다.
우리의 친교는 차이가 있어도 돈독해질 수 있습니다.
이는 다른 어느 누구보다도 성령님이 우리를 하나로 붙이는 접착제같은 역할을 하신다는 것을 증명하는 것입니다.

둘째, 성도간의 친교는 진실해야 합니다.

"이러므로 그리스도께서 우리를 받아 하나님께 영광을 돌리심과 같이 너희도 서로 받으라"(롬 15:7)

어떻게 예수님은 우리를 친구로 받아들일 수 있으셨을까요?

예수님은 우리의 나약함과 죄의 문제들, 미성숙함까지 받아들이셨습니다. 우리의 있는 그대로의 모습을 받아주신 것입니다. 같은 방법으로 우리는 서로에게 우리의 있는 모습 그대로를 보여주어야 합니다.

우리가 잘 아는 찬송가 가사입니다.

"죄 중에 빠져 헤매던 나를

주님의 보혈로 깨끗이 씻겼네.

어린양 예수……."

서로의 있는 모습 그대로를 받아들이지 못한다면, 성도간의 진정한 교제는 존재할 수 없습니다.

하나님의 말씀은 우리의 독선을 무너뜨리며, 불신의 벽을 허물어 줍니다.

잠언 27장 19절은 "물에 비취이면 얼굴이 서로 같은 것같이 사람의 마음도 서로 비취느니라"라고 말합니다.

우리는 마음을 열어 있는 모습 그대로를 서로에게 보여주며, 함께 모여야 합니다. 야고보서는 서로의 잘못을 고백하면 치유된다고 했습니다(약 5:16

참조). 함께 모여 수고하고 사랑 안에서 서로의 마음을 터놓으면 이 모든 것이 가능합니다.

그렇다고 잔인할 정도로 솔직하여 "상처를 주는 일"은 바람직하지 않습니다. 저는 그런 친교를 원하지 않습니다. 저는 다정다감한 관계를 원합니다. 그리고 여러분도 마찬가지겠지요.

한 교회에 수년 동안 출석했다 하더라도 다른 성도들과 섞이지 못하면 소외감을 느낍니다. 우리의 속마음과 생각과 소망을 다른 사람들과 나누지 못한다면 그것이 고독입니다.

하나님은 그런 외로움에서 빠져나와 다른 성도들과 친밀한 교제를 나누기를 원하고 계십니다.

제가 리버사이드 교회에서 섬기고 있을 때, 연합회 목사님 한 분이 수요일 저녁 기도회에 왔습니다.

우리는 종종 소그룹으로 나누어 기도를 했습니다.

마침 그 목사님의 그룹에서 서로 자기소개를 했습니다.

그 목사님 차례가 오자 "저는 기술자입니다. 일 때문에 이곳에 와 있지만, 주말에는 말씀을 전합니다. 사실 제게는 몇 가지 걱정거리가 있는데 여러분께서 같이 저를 위해 기도해 주셨으면 합니다"라고 말했습니다.

그분은 파사덴사 친교 모임에 와서 혼자 있을 수도 있었습니다. 그러나 우리는 모두 그분과 그분의 삶, 사랑, 목적을 나누며 친교를 확인했습니다. 그리고 그분도 우리의 기도 제목을 위해 기도해주었습니다.

그 목사님은 파사덴사 성도들과의 깊은 교제에 받은 감동을 안고 위스콘신으로 돌아갔습니다.

"너희는 짐을 서로 지라 그리하여 그리스도의 법을 성취하라"(갈 6:2)

친교 범위를 넓히십시오. 진실한 관계를 유지하십시오.

셋째, 성경은 친교를 통하여 선한 일, 즉 선교를 하고 교회를 하나 되게 하라고 가르쳐 주고 있습니다.

이는 우리가 뿌듯함을 느끼려고 하는 것이 아닙니다.

우리는 다른 성도들과 목적 안에서 하나 되어야 합니다. 삼각구도를 이루어야 합니다.

하나님을 위하여, 이웃을 위하여, 더 나아가 복음 전파를 위하여. 중요한 그 무엇이 있어야 합니다.

친교는 단순히 두 사람이 서로 바라보는 것이 아닙니다.

두 사람이 그리스도와 그의 목적을 함께 바라보는 것입니다.

사도바울은 빌립보서 1장 27절에서 "너희가 일심으로 서서 한 뜻으로 복음의 신앙을 위하여 협력하라"라고 권면합니다.

이것이 진정한 성도간의 교제이고, 친교이며, 대단히 매력적인 것입니다.

이는 세상적인 그 어떤 친교 관계와 비교할 수 없습니다.

어느 날 저녁, 뉴욕시내에서 몇몇 형제들이 모임을 가지고 있었습니다.

그들은 하나님 말씀을 나누고, 마음을 나누며, 가끔 만나 아름다운 친교의 시간을 가졌습니다. 한 낯선 남자가 합류했습니다. 다들 그 모임의 누군가가 초대한거라고 대수롭지 않게 생각했습니다. 그 남자는 아무 말 없이, 모인 사람들이 말씀을 나누고 기도제목을 교환하는 것을 듣고만 있었습니다.

모임이 거의 끝나갈 무렵, 모인 형제들이 처음 온 남자에게 자기소개를 부탁하자 그는 이렇게 말했습니다.

"제 이름은 폴입니다. 여기 계신 분들이 솔직히 이야기 하셨으니 저도 사실대로 말씀드리겠습니다. 저는 마약 중독자입니다. 사실 주사 맞을 돈을 훔치러 여기 왔습니다. 그러나 더 나은 것을 깨달았습니다."

그렇습니다. 친교는 바로 훨씬 더 나은 그 무엇입니다!

여러분들은 현재 어떤 교제를 나누고 계십니까?

•6장•

절친한 친구 사귀기

우리는 뜨개질을 할 때, 하나는 오른 손에 또 다른 하나는 왼 손에, 모두 두 개의 바늘을 사용합니다.

그리고 오른쪽, 왼쪽의 두 실이 엇갈리면서 하나의 옷이 완성됩니다.

사무엘상 18장 1절에 "요나단의 마음이 다윗의 마음과 연락되어 요나단이 그를 자기 생명같이 사랑하니라"라고 두 사람에 대해 말합니다.

우리의 삶이 다른 사람들과 조화롭게 잘 짜일 때, 완성된 하나의 작품으로 하나님께 영광 돌릴 수 있습니다.

우정에 대해 생각해 봅시다.

영원히 변치 않는 우정은 호의가 아닙니다. 우리 모두 다른 사람들에게 호의적이어야 합니다.

그러나 하나님 안에서의 우정에 대해서 깊이 생각해 보아야 합니다.

요나단과 다윗의 우정이 어떻게 시작되어서, 어떻게 깊어졌고, 지속되었는지 살펴봅니다.

사무엘상 14장에 보면 골리앗이 이스라엘 땅에 와서 이스라엘에서 힘센 장수는 나오라고 큰 소리를 쳤습니다. 어린 소년 다윗이 나아가 골리앗과 맞서 싸워 이겼습니다. 그러나 이 일이 있기 몇 주 전에 홀로 어려움을 이겨내야 했습니다.

블레셋 사람들은 이스라엘의 선제공격에 대한 보복으로 급습을 감행했습니다. 건장한 블레셋 사람들은 이스라엘을 위협했고, 이스라엘의 운명이 위태로워졌습니다. 전 국민이 언덕으로, 계곡으로 도망가기 시작했습니다. 심지어 왕의 아들인 요나단까지도 도망갔습니다.

> "요나단이 자기 병기 든 소년에게 이르되 우리가 이 할례 없는 자들의 부대에게로 건너가자 여호와께서 우리를 위하여 일하실까 하노라 여호와의 구원은 사람의 많고 적음에 달리지 아니하였느니라"(삼상 14:6)

이 얼마나 놀라운 일입니까?

요나단은 병기를 든 소년에게 "수가 많든지 적든지 하나님이 이 전쟁을 승리로 이끌 것이다. 이봐, 하나님이 적은 수로 어떻게 적을 몰아내실지 보자"라고 말했습니다.

여기서 우리는 요나단에 관해 몇 가지 흥미로운 사실을 발견할 수 있습니다.

물론 하나님에 대한 믿음을 가지고 강하고 담대하게 나아가는 방법을 알았던 그의 영혼은 다윗을 만나기 전에 이미 깊은 우정을 나누는 법에 대해 알고 있었습니다.

요나단과 병기든 자, 다윗은 정직하게 서로 약속하였습니다.

"병기 든 자가 그에게 이르되 당신의 마음에 있는 대로 다 행하여 앞서 가소서. 내가 당신과 마음을 같이 하여 따르리이다"(삼상 14:7)

다윗은 "요나단, 저는 당신의 종입니다. 무엇이든 말만하면 그대로 따르겠습니다"라고 말했습니다.

두 젊은이는 절대적으로 하나님을 의지하며 나아갔고, 하나님께 쓰임받기를 간절히 원했습니다.

"블레셋 사람들이 요나단 앞에서 엎드러지매"(삼상 14:13)

결과적으로 온 이스라엘이 요나단을 사랑했습니다.

그리고 요나단과 그의 아버지 사울 사이에 갈등이 생겼을 때 모든 백성들이 일어나 "요나단의 머리털 하나도 건드리지 말라"(삼상 14:45 참조)라고 소리쳤습니다.

요나단은 진정한 영웅이었습니다.

그런 요나단 같은 사람이 도대체 왜 골리앗이 40일 동안 이스라엘을 위협하도록 내버려두었을까요?

불안 속에서 떨면서 왜 요나단은 골리앗이 이스라엘을 자기 멋대로 뒤흔드는 것을 보고만 있었을까요? 저도 그 답을 모르겠습니다.

아마 답을 아는 사람은 아무도 없겠지요. 어느 누구도 들어 본 적이 없으니까요. 요나단은 이 무시무시한 적이 쓰러진 이후 돌아와서 우유부단하고 믿음을 잃어버린 백성들을 목격했을 것입니다.

그리고 그의 아버지 사울 왕이 무기력해져서 하나님께 불순종하고 백성들을 돌보지 않는 것을 보고 아마 요나단은 "무슨 소용이 있단 말인가? 누구 하나 신경 쓰지 않는군" 이라고 생각했을 것입니다.

그러나 요나단은 자신보다 어리며, 작은 체구의 목동인 다윗이 골리앗의 머리를 들고 걸어오는 것을 보고 어떻게 말했을지 충분히 상상이 갑니다.

아마 "저럴 수가! 저럴 수가! 바로 나를 도울 사람이구나! 나를 도울 바로 그 사람!" 이라고 했을 것입니다.

요나단은 용맹스러운 사람을 가까이 두기를 원했는데 다윗이 바로 그런 젊은이였던 것입니다.

이 글을 읽고 있는 여러분은 어떤지 모르겠지만, 저는 용맹스러운 용사 같은 사람들을 제 곁에 두길 간절히 원합니다.

저는 천성적으로 두려움을 쉽게 느낍니다. 그래서 용감한 하나님의 사람을 원합니다.

많은 크리스천들이 따르는 공식과 같은 것이 있습니다. 처음엔 하나님과 온화한 관계로 시작합니다.

"모든 것을 맡깁니다.

하나님, 제가 가진 모든 것을 내려놓습니다."

그 결과 하나님은 그 사람을 축복해 주시고, 곧 그 성도는 "뭔가를 해냅니다." 그러면 그 성도는 "그것을 유지"하기를 원하고 보호받기를 원합니다.

그리고는 자신이 전적으로 하나님을 의지하는 그 상황을 더 이상 구하지 않습니다.

저는 이것이 두렵습니다! 정말 이것이 너무나 두렵습니다.

우리는 매 순간 하나님을 의지해야 합니다.

그렇지 않으면 우리 모두 죄악에 빠지기 쉽고, 곧 "아무것도 아닌" 존재가 됩니다. 그렇기 때문에 한 두 명의 하나님을 잘 따르는 친구가 절대적으로 있어야 합니다. 이런 친구들은 우리를 훈계하고 잘못했을 때는 꾸짖을 수 있을 만큼 용기 있을 뿐만 아니라 격려도 해줍니다.

그리스도의 지체에 대한 요즘 우리의 강조에도 불구하고, 우리는 성령님께서 주시는 귀한 만남의 소중함에 대해서 거의 깨닫지 못하고 있는 것 같습니다.

한 젊은 성도가 최근 제게 이렇게 말했습니다.

"제가 속한 모임의 형제들이 정말로 저를 도와주기를 원하는지 잘 모르겠어요. 한 달 전에 저는 그분들과 세 가지 목표를 이루고 싶다고 말했습니다.

매일 꾸준히 큐티하는 것, 몸무게 7킬로그램을 줄이기 위해 다이어트 하겠다는 것, 그리고 저와 제 아내가 불필요한 지출을 줄이기 위해 새 지출 계획을 엄격히 지킬 것을 약속했지요. 저는 이분들 없이는 그 약속을 지킬 수 없습니다.

그런데 제가 4주 전에 그분들에게 저의 목표에 대해서 말씀 드린 이후로 지금까지 잘 지키고 있냐고 물어봐준 사람이 한 분도 없었어요. 다들 잊어버린 것 같아요."

그래서 저는 그 형제에게 말했습니다.

"소모임 형제들에게 형제님에 대한 책임이 있다고 말하세요. 서로 마음을 터놓고 약속했으면 형제분의 실패는 그분들의 실패인거예요. 왜냐하면 형제분과 그분들은 이제 하나님 안에서 하나가 되었거든요."

그 다음날 그 형제는 조찬 기도회 모임에 참가하여 모인 형제들에게 "여러분들은 정말로 저를 사랑하십니까? 제게 관심이 있기는 하세요?"라고 물었다고 합니다.

얼마 지나지 않아 저는 그 형제를 다시 만났습니다.

그 형제분은 미소 지으며 밝은 얼굴로 말했습니다.

"그분들 충격이 꽤 컸었나봐요. 거의 매일 전화해서는 '다이어트는 잘하고 있냐, 오늘 큐티는 했냐, 충동구매 하지 말라' 등등 잔소리 하세요"

그 형제분의 눈에는 자신감이 가득했습니다.

"저는 꼭 이 약속을 지킬 겁니다" 라고 하기에 "형제님이 그분들을 믿는 한 그분들은 형제님에 대한 책임이 있습니다" 라고 대답해주었습니다.

저는 여러분이 요나단과 다윗이 나누었던 그 우정에 주목하기를 바랍니다.

"요나단의 마음이 다윗의 마음과 연락되어 요나단이 그를 자기 생명 같이 사랑하니라"(삼상 18:1)

뜨개질할 때는 기술과 주의가 필요합니다.

만일 우리가 다른 사람과 마음을 짜맞추어가는 우정을 가꾸고자 한다면 하나님께서 우리에게 주신 마음을 맞추어갈 친구를 신중히 선택해야 합니다.

저는 우정을 함께 나누고 싶은 사람들이 참 많습니다. 하지만 마음을 맞출 때까지는 시간이 걸립니다. 그래서 명심해야 할 점은 자신과 모임을 갖게 된 사람들과 잘 지내야 합니다.

하나님은 요나단과 다윗의 예를 들면서 "적어도 한두 명 또는 세 명과 깊은 우정을 나누라"라고 말씀하십니다.

"몇 명과 친하게 지내야 합니까?"라고 묻는 사람도 있을 겁니다.

여러분이 몇 명을 친구로 수용할 수 있을지 저는 모릅니다.

사도바울은 상당히 많은 사람들과 우정을 나누었습니다.

고린도후서에서 그는 성도들의 마음이 사랑으로 하나 되길 기도했습니다.

왜냐하면 그 역시도 사랑에 빚진 자였기 때문에 성도간의 사랑이 얼마나 소중한지 잘 알고 있었습니다.

사도바울은 어디를 가든 젊은 형제들과 함께 다녔습니다.

교회에 문안 편지를 쓸 때 바울은 얼마나 이 형제들을 사랑하는지에 대해서도 잊지 않고 썼습니다.

예를 들어 에바브로디도는 바울을 위해 기꺼이 그의 삶을 내려놓았습니다(빌 2:25-27 참조).

그리고 디모데는 하나님 안에서 사도바울을 끊임없이 격려해주고 있음을 썼습니다(딤후 1:3-5 참조). 오늘날 교회에서 성도들은 이처럼 깊은 우정을 나누어야 합니다.

크리스천인 우리는 어디를 가든 다른 성도들과 만나면 금방 친해질 수 있습니다.

여러분도 마음을 나누고 싶은 친구를 만난 적이 있습니까? 서로 강한 소속감도 느껴보았습니까?

셰익스피어의 햄릿은 그의 친한 친구에 대해서 "그의 영혼을 강철 고리로 단단히 묶어두고 싶다"라고 했습니다.

처음에 예수님에게는 세 명의 절친한 친구가 있었습니다.

그 후 열두 명의 제자를 택하셨고, 그들에게 시간과 정성을 쏟으셨습니다. 나중엔 70명을 훈련시켜서 보내었고, 그 후 120명을 또 훈련시켰습니다.

예수님은 이 모든 사람들을 똑같이 사랑하셨지만 몇몇 사람들과는 더 깊은 관계를 맺으셨습니다.

오늘날 부활하셔서 승천하신 예수님은 더 이상 육체적, 공간적인 제한을 받지 않으시고 우리 모두에게 "내가 너와 함께 하리라. 정녕 내가 너를 떠나지 아니하리라"라는 말씀을 해 주실 수 있습니다.

부활의 역사는 시공을 초월한 것이어서 예수님은 우리 모두와 친한 친구가 되어주십니다.

이렇게 해서 뼈와 뼈가 하나 되고 머리와 몸통이 하나가 되어 완전한 지체를 이루게 됩니다.

완전한 지체는 사랑으로 하나 되었기 때문에 우리의 '머리' 되시는 예수님에 대한 사랑 표현 방식은 몸을 구성하는 각 부분, 즉 성도들이 서로에게 사랑을 표현하는 방식과 같습니다.

다윗과 요나단의 우정은 감정에 따른 것이 아닌 진실 어린 약속으로 믿음에 기반을 둔 것이었습니다.

> "요나단은 다윗을 자기 생명 같이 사랑하여 더불어 언약을 맺었으며 요나단이 자기의 입었던 겉옷을 벗어 다윗에게 주었고 그 군복과 칼과 활과 띠도 그리하였더라"(삼상 18:3-4)

이는 중요한 상징적 의미를 지닙니다.

요나단은 사울 왕의 아들로 장차 왕이 될 사람이었고 다윗은 그의 종에 불과했습니다.

그러나 요나단은 다윗을 진정한 친구로 생각하여 자신의 특별한 예복을 벗어 다윗에게 입혀주었습니다.

그리고 부의 상징인 자신의 벨트까지도 벗어 다윗에게 주면서 "다윗! 내가 가진 모든 것은 자네 것이나 다름없네"라고 말했습니다.

여러분은 친구에게 이렇게 말해본 적이 있습니까? 만약 없다면 제대로 된 삶을 살고 있지 않은 것입니다. 누군가에게 "내가 가진 모든 것은 당신의 것입니다"라고 말할 줄 알아야 합니다.

자신만을 보호하다보면 외로운 사람이 되기 쉽습니다.

외로운 전도자들이 참 많습니다. 그분들은 정말 예수님을 사랑하지만 교회 성도들을 그다지 사랑하지 않습니다. 이는 제대로 실천하는 신앙이 아니어서 죄에 빠지기 쉽습니다.

진정한 친교를 유지하기 위해서는 서로간의 끊임없는 헌신이 요구됩니다.

예수님은 이런 헌신을 몸소 보여주셨습니다.

그래서 우리에게 "나의 모든 것을 너희에게 주노라"라고 하셨고, 예수님의 승리의 영광은 우리의 것이 되었습니다.

예수님이 우리에게 "이제 너의 모든 것을 내게 다오"라고 하시는데 우리는 염치없게 "제 모든 죄악과 실패와 무능을 주님 앞에 내려놓습니다"라고 대답합니다.

그래도 우리 주님은 "괜찮다" 하시며, 용서와 끊임없는 사랑을 베풀어 주십니다.

이 얼마나 아름다운 헌신입니까? 이런 주님의 은혜를 입었을 때 우리는 비로소 다른 사람들에게도 예수님과 같은 친구가 될 준비를 갖추게 됩니다.

오늘의 시대를 사는 크리스천들은 성도로서의 삶을 배워야 합니다. 다른 사람을 위해 자신을 희생하는 것은 크리스천으로서 매우 중요한 과제입니다.

자신을 내려놓으십시오.

우리는 잘 깨닫지 못하고 있지만 하나님은 우리에게 헌신하는 법을 가르쳐 주고 계십니다.

저는 매주 신학교 학생들의 소모임에 참석하고 있습니다.

젊은 신학생들이 마음을 열고 아름다운 우정을 쌓아 가는 것이 너무나 보기 좋습니다.

어느 날 그 모임에 갔더니 한 학생이 매우 낙심한 표정으로 "경제적 사정이 안 좋아져서 아무래도 학교 그만 두어야 할 것 같아요. 아내와 이제 막 태어난 아기도 돌보아야 하고……"라고 말했습니다.

그러자 그 이야기를 듣고 있던 프랭크가 눈물을 글썽이며 말했습니다.

"테드, 난 자네가 그렇게 말하는 것을 다시는 듣고 싶지 않네. 자네는 열심히 공부하고 있고 하나님도 당연히 자네가 공부를 마치길 원하시지 않나. 공부 계속하게. 돈이 필요하면 내가 도와줄게. 말만하게. 난 자네가 경제적 사정 때문에 학업을 중단하겠다는 말을 다시는 듣고 싶지 않네."

여러분은 아마 프랭크가 돈이 많은가 보다고 생각하겠지만 사실 프랭크도 테드처럼 가난한 가장이었습니다.

그 학생은 단지 이 순간 믿음을 가지고 말한 것이었습니다.

얼마나 가슴 뭉클한 모습입니까.

테드가 프랭크에게 돈을 부탁했는지 안 했는지에 대해서는 잘 모릅니다.

그러나 둘 다 그 제안이 빈말이 아니라는 것을 알았습니다.

나중에 테드는 휴학하지 않고 좋은 성적으로 신학교를 졸업하였습니다.

사무엘상 20장 42절에 매우 이례적인 장면이 나옵니다.

다윗이 사울왕의 질투를 피해 숨어 지내야 했을 때 요나단이 다윗을 단독으로 만납니다.

> "요나단이 다윗에게 이르되 평안히 가라 우리 두 사람이 여호와의 이름으로 맹세하여 이르기를 여호와께서 영원히 나와 너 사이에 계시고 내 자손과 네 자손 사이에 계시리라 하였느니라 다윗은 일어나 떠나고 요나단은 성으로 들어오니라"

다윗과 요나단 두 사람은 서로 "너와 나 사이에 하나님이 함께 계셔"라며 둘 사이를 하나님이 묶고 계심을 선포했습니다.

하나님께서 함께 하신 그들의 우정은 깊고 또 오래 지속되었습니다.

"여호와께서 내 자손과 네 자손 사이에 계시리라."

이 말은 "나는 너의 자손을 사랑할 것이며, 너의 자손은 나의 자손을 사랑할 것이고, 나의 자손의 자손은 너의 자손의 자손을 사랑할 것이라"는 것을 뜻합니다.

저는 이보다 더 위대한 우정은 없다고 생각합니다.

다윗은 자신들의 우정만이 아닌 자손과 그 자손의 자손대의 우정까지도 맹세한 것입니다.

사무엘 23장에서 요나단과 다윗이 마지막으로 만나는 장면이 나옵니다.

요나단이 전투에서의 죽음을 앞두고 있지만 이 두 사람은 이 슬픈 운명을 모릅니다.

"다윗이 사울의 자기 생명을 찾으려고 나온 것을 보았으므로 그가 십 황무지 수풀에 있었더니 사울의 아들 요나단이 일어나 수풀에 들어가서 다윗에게 이르러 그로 하나님을 힘있게 의지하게 하였는데"(삼상 23:15-16)

다윗이 사울을 두려워하여 수풀에 들어갔습니다.
이때 친구인 요나단은 그를 찾아가 용기를 주었습니다.

"두려워 말라 내 부친 사울의 손이 네게 미치지 못할 것이요 너는 이스라엘 왕이 되고 나는 네 다음이 될 것을 내 부친 사울도 안다"(삼상 23:17)

이 얼마나 아름다운 우정입니까. 요나단이 왕족이기에 왕위를 물려받는 것은 당연하거늘 요나단은 "다윗, 네가 왕이 될 거야. 난 네 옆에 있는 것으로도 족해"라며 친구를 축복하고 격려해 주었습니다.

주 안에서 친구를 어떻게 도와야 하는지 이제 깨달았습니까?
아내 여러분, 주님의 이름으로 남편의 손에 힘을 실어주신 적이 있습니까?
남편 여러분, 주안에서 아내를 격려 해본 적이 있나요?
또는 서로 마음을 맹세한 친구들끼리 하나님의 말씀으로 또는 따뜻한 격려로 힘이 되어준 적이 있습니까? 적어도 격려를 어떻게 하는지 알고 계십니까?

> "디모데의 연단을 너희가 아나니 자식이 아비에게 함같이 나와 함께 복음을 위하여 수고하였느니라"(빌 2:22)

저를 포함한 남선교회 회원 몇 명이 교회 회의실에 둘러앉았습니다.
회의가 시작되자 이내 하나님께서 우리의 마음을 하나로 묶어주셨습니다.
자연스럽게 서로 헌신할 것을 맹세했습니다.
(그 자리에 참석한 사람 모두 이 약속을 저 버리지 않을 것입니다.)
소중한, 정말 소중한 한 형제가 낙심하며 말했습니다.

"제가 여러분에게 도움이나 될지 모르겠습니다. 저는 정말 형편없는 놈이거든요. 여러분께 드릴게 정말 아무것도 없습니다."
그러자 그 자리에 있던 다른 한명이 대답했습니다.
"괜찮습니다. 이때야말로 우리 모두가 형제를 도와야 할 때인 것 같습니다. 나중에 형제님이 우리에게 힘을 주실 때가 있을 것입니다."
요나단은 다윗에게 "지금은 내가 너보다 강하지만, 곧 네가 더 강해질 거야. 너는 왕이 될 것이고 난 그 곁에 있을게"라고 말하면서 기쁘게 왕위를 다윗에게 넘겨줍니다.
이 얼마나 아름다운 우정입니까!

요나단이 죽고 난 후에 다윗은 아마도 이렇게 말하지 않았을까요?

"내 친구 요나단! 난 자네가 내 옆에 있는 것을 느낀다네. 비록 내가 원한 건 이런 방법이 아니었지만, 자넨 항상 나와 함께 있을 걸세."

히브리서 12장 1절은 "우리에게 구름 같이 둘러싼 허다한 증인들이 있으니"라며 우리가 믿음의 선조들에게 둘러싸여 격려 받고 있음을 깨닫게 해줍니다.

흔들리지 말고 하나님을 붙들고 달려 나갑시다.

사후에도 요나단과 다윗의 우정은 계속되었습니다.

사무엘상의 마지막 장은 이렇게 기록합니다.

"블레셋 사람이 이스라엘을 치매 이스라엘 사람들이 블레셋 사람 앞에서 도망하여 길보아산에서 엎드러져 죽으니라 블레셋 사람들이 사울과 그 아들들을 좇아 미쳐서 사울의 아들 요나단과 아비나답과 말기수아를 죽이니라"(삼상 31:1-2)

사무엘하 1장에서는 다윗이 요나단의 죽음에 대한 소식을 듣고 어떻게 했는지에 대해서 묘사하고 있습니다.

"이에 다윗이 자기 옷을 잡아 찢으매 함께 있는 모든 사람도 그리하고 사울과 그 아들 요나단과 여호와의 백성과 이스라엘 족속이 칼에 죽음을 인하여 저녁 때까지 슬퍼하여 울며 금식하니라"(삼하 1:11-12)

또 17절에서는 "다윗이 이 슬픈 노래로 사울과 그 아들 요나단을 조상하고"라고 쓰고 있습니다.

"사울과 그 아들 요나단!"

사울이 비록 다윗을 위협하고 죽이려고 쫓아다녔지만, 다윗은 요나단과 함께 사울의 이름도 언급했습니다.

다윗은 "나는 내 손을 들어 내 주를 해치 아니하리니 그는 여호와의 기름 부음을 받은 자가 됨이니라"(삼상 24:10, 고전 16:22 참조)라고 선포했습니다.

다윗은 결코 남을 깎아 내리지 않았습니다.

우리는 다윗의 관대함에 주목할 필요가 있습니다.

"사울과 요나단이 생전에 사랑스럽고 아름다운 자러니 죽을 때에도 서로 떠나지 아니하였도다"(삼하 1:23)

"오호라 두 용사가 전쟁 중에 엎드러졌도다
요나단이 너의 산 위에서 죽임을 당하였도다
내 형 요나단이여 내가 그대를 애통함은
그대는 내게 심히 아름다움이라
그대가 나를 사랑함이 기이하여
여인의 사랑보다 승하였도다
오호라 두 용사가 엎드러졌으며
싸우는 병기가 망하였도다 하였더라"(삼하 1:25-27)

여러분, 여러분은 살아있는 동안 아니면 죽는 순간 사랑의 띠로 하나 된 친구가 있습니까? 여러분은 물론 여러분의 자손 그리고 자손의 자손까지 사랑해 줄 친구가 있습니까? 만일 아직 못 만났다면 믿음을 가지고 시도해 보십시오. 상처 받을 것을 두려워하여 너무 몸 사리지 말고 대범하게 다른 사람들에게 마음을 열고 다가오십시오.

그래서 하나님 안에서 힘을 실어 줄 수 있는 그런 진정한 친구를 만나길 바랍니다.

만일 친구와의 대화가 저녁은 어디서 먹었는지, 골프 점수가 어떻게 되는지에 관한 것이 전부라면(가끔은 괜찮습니다.), 보다 더 심오한 대화로 유도할 필요가 있습니다.

때때로 친구와 마음을 나누는 진솔한 대화를 할 필요가 있습니다.

여러분과 하나님, 그리고 여러분의 친구는 서로 흉금을 털어 놓는 관계가 되어야 합니다.

그래서 "우리는 늘 함께야. 서로 사랑하고 어려울 때나 기쁠 때 늘 기도로 함께하며 서로 의지하지"라는 고백이 나와야 합니다.

1638년 에딘버그에서 올드 스카치 서약자(Old Scotch Covenanters)가 교회 앞마당에서 그 자리에 모인 모든 사람들과 함께 서약했습니다. 사람들은 언제나 함께 할 것을 혈서로 맹세했습니다.

이것이 오늘날의 역량 있는 기독교 사회운동의 시초가 되었습니다.

다윗은 요나단과의 맹세를 지켰을까요? 사무엘하 4장 4절을 봅시다.

"사울의 아들 요나단에게 절뚝발이 아들 하나가 있으니 이름은 므비보셋이라 전에 사울과 요나단의 죽은 소식이 이스르엘에서 올 때에 그 나이 다섯 살이었는데 그 유모가 안고 도망하더니 급히 도망하므로 아이가 떨어져 절게 되었더라"

사무엘하 5장 12절을 보면, "다윗이 여호와께서 자기를 세우사 이스라엘 왕을 삼으신 것과 그 백성 이스라엘을 위하여 그 나라를 높이신 것을 아니라"라고 쓰여 있습니다.

다윗은 결국 왕이 되었습니다.

외견상 그 누구도 부럽지 않았습니다.

그렇다면 다윗은 요나단과 그 자손을 돌보기로 한 약속을 기억할까요?

〈노르웨이의 노래〉(Song of Norway)라는 아름다운 영화는 에바드 그리그(Edvard Grieg)라는 천신만고 끝에 성공한 작곡가의 이야기를 그린 영화입니다.

그의 친구는 그리그의 성공을 위해 마음을 다해 헌신했습니다. 그 친구가 임종을 앞두고 그리그에게 "날 보러 좀 와주게"라는 서신을 보내지만 성공한 작곡가가 된 그리그는 콘서트와 파티에 참석하느라 친구에게 가지 않았습니다.

이 얼마나 가슴 아픈 이야기입니까!

저는 영화를 보며 눈물을 흘렸습니다.

이제 성공한 왕이 되어 백성들의 사랑을 한 몸에 받는 다윗왕은 어떻습니까?

다윗은 "사울의 집에 오히려 남은 사람이 있느냐. 내가 요나단을 인하여 은총을 베풀리라"(삼하 9:1)라고 종들에게 명합니다.

역시! 역시 다윗 왕이군요!

"사울의 손자 요나단의 아들 므비보셋이 다윗에게 나아와서 엎드려 절하매 다윗이 가로되 므비보셋이여 하니 대답하되 주의 종이 여기 있나이다 다윗이 가로되 무서워 말라 내가 반드시 네 아비 요나단을 인하여 네게 은총을 베풀리라 내가 네 조부 사울의 밭을 다 네게 도로 주겠고 또 너는 항상 내 상에서 먹을 찌니라"(삼하 9:6-7)

칠레와 아르헨티나가 전쟁을 하려던 위기의 순간이 있었습니다.

그러나 양측 모두 더 나은 해결책을 모색하면서 평화 협정을 맺었습니다.

평화협정을 기념하고자 양국은 '안데스 산맥의 예수'라는 제목의 큰 상을 세웠습니다.

그리고 그 상 밑에는 다음과 같은 글을 새겼습니다.

"이 산들이 부서져서 먼지가 될 때까지 구세주의 발아래서 맹세한

칠레와 아르헨티나의 평화는 깨지지 않을 것이다."

예수님은 "이제부터는 너희를 종이라 하지 아니하리니 종은 주인의 하는 것을 알지 못함이라 너희를 친구라 하였노니 내가 내 아버지께 들은 것을 다 너희에게 알게 하였음이니라"(요 15:15) 라고 하시며 우리를 친구삼아 주셨습니다.

이 말은 "내 마음을 기꺼이 너희에게 열겠다"라는 뜻입니다.

여러분은 마음을 열 준비가 되어 있습니까?

한명 아니면 몇 명의 친구와 구세주의 발 앞에서 깊은 우정을 나누겠다고 약속하십시오!

•7장•
자신의 영적 은사 찾기

교회를 한번 둘러보십시오. 자원 봉사의 결집체입니다. 거의 모든 분들이 무급으로 일합니다. 매주 단상 앞은 아름다운 꽃들로 장식되어 있습니다.

어떤 이들은 다른 성도들을 위해 음식을 만들고, 안내하고, 어린 아이들에게 성경말씀을 가르칩니다.

성령의 은사는 예수님께서 무덤에서 부활하시고 하늘로 승천하신 후에 나타나기 시작했습니다.

예수님의 부활과 성령의 은사가 서로 관계가 있음을 알고 계십니까? 예수님께서 부활하신 후에 믿는 자들에게 엄청난 은사가 주어졌습니다.

이것은 시편에서 이미 예언되었습니다.

"주께서 높은 곳으로 오르시며 사로잡은 자를 끌고 선물을 인간에게서 또는 패역자 중에서 받으시니 여호와 하나님이 저희와 함께 거하려 하심이로다"(시 68:18)

사도바울이 에베소서 4장에서 그리스도의 부활과 잇달아 일어나는 성령의 은사에 대해 썼을 때 바로 시편 68편을 인용했습니다.

하나님의 사람이라면 심지어 패역자에게도 은사가 주어진다는 것에 주목하십시오. 은사는 받을 만한 사람에게만 주어지는 상이나 보상이 아닙니다.

예수님께서 무덤에서 살아나셨을 때 교회의 머리가 되셨습니다.

이때 성령이 이 땅에 역사하셔서 이전에 어부였던 자들이 능력 있게 말씀을 전하며 수천 명을 하나님 앞으로 인도하는 위대한 전도자가 되었습니다.

또 이전에 세금을 걷던 세리가 성령의 감화를 받아 위대한 작품인 마태복음을 저술하게 되었습니다.

이런 예는 얼마든지 더 찾아 볼 수 있습니다.

사도행전 2장에 나타난 베드로의 설교를 보면 이런 갑작스러운 은사의 등장을 잘 설명하고 있습니다.

"이 예수를 하나님이 살리신지라 우리가 다 이일에 증인이로다 하나님이 오른손으로 예수를 높이시매 그가 약속하신 성령을 아버지께 받아서 너희 보고 듣는 이것을 부어주셨느니라"(행 2:32-33)

오순절에 사람들이 모여 부활하신 예수님께 영광 돌릴 때 하나님의 위대한 역사가 각 사람에게 다른 언어로 나타났습니다.

이 얼마나 놀라운 일입니까? 전도와 가르치는 은사가 갑자기 각 사람에게 바람처럼 임했습니다. 교회는 다양한 은사를 가진 사람들의 헌신으로 운영되기 시작했습니다.

사도바울은 고린도전서 12장 1절에서 "형제들아 신령한 것에 대하여는 내가 너희의 알지 못하기를 원치 아니하노니"라고 운을 띄우면서 우리가 얼마나 서로 비슷하면서도 다른지에 대해서 설명하고 있습니다.

고린도 전서 12장 1-3절을 보면 우리가 한 성령 안에서 비슷하다고 말합니다.

> "너희도 알거니와 너희가 이방인으로 있을 때에 말 못하는 우상에게로 끄는 그대로 끌려 갔느니라"

우상은 마법과 최면, 꿈과 환영 등 다양한 방법을 이용합니다.
사도바울은 악한 영이 곳곳에 산재해 있음을 경고합니다.

> "그러므로 내가 너희에게 알게 하노니 하나님의 영으로 말하는 자는 누구든지 예수를 저주할 자라 하지 않고 또 성령으로 아니하고는 누구든지 예수를 주시라 할 수 없느니라"(고전 12:3)

믿는 자들은 성령의 도우심을 받을 것을 강조하였습니다. 오늘날 전 세계에 많은 사람들이 '예수는 구주' 라고 주저함 없이 말합니다. 예수님이 하나님으로부터 저주를 받았다고 생각하는 사람은 없습니다. 그러나 사단은 그렇다고 말합니다.

누군가 예수님을 저주하는 욕을 한다면 그 배후에는 사단이 있습니다.

고린도전서 12장 4절, 8-9절을 보면 '같은 성령' 이라는 구절이 반복됩니다. 우리의 안에는 생명 주시는 성령님이 함께 하고 계신다는 겁니다.

로스앤젤레스 북쪽에 싸우전 오크(Thousand Oaks)라 불리는 곳이 있습니다. 아마도 마을 언덕에 많은 떡갈나무가 있어서 그 이름이 유래되었나 봅니다. 그 많은 나무들은 각각 다르지만, 각 나무의 생명의 원천은 오직 하나입니다.

예수님께 나아갈 때, 성령님이 여러분에게 특별한 힘을 주십니다. 그렇다고 다른 사람들에게는 주지 않으신다는 뜻이 아닙니다. 다른 사람들도 받겠지요.

성령님이 여러분에게 특별한 힘을 주시는 이유는 크리스천으로서 삶을 보다 의미 있게 살아 하나님께 영광 돌리기를 원하시기 때문입니다.

예수님은 어느 누구도 저버리지 않으십니다.

"이 모든 일은 같은 한 성령이 행하사 그 뜻대로 각 사람에게 나눠 주시느니라"
(고전 12:11)

"주 뜻대로"라는 말은 우리가 피부색을 선택하여 태어날 수 없는 것처럼 우리의 은사도 우리 의지대로 선택할 수 없다는 것을 뜻합니다.
이 모든 것이 하나님의 뜻에 의한 것이어서 저는 매우 기쁩니다.

성도인 우리는 세 가지 공통점이 있습니다.

첫째, 성령을 받은 것, 둘째, 성령의 은사를 받은 것, 셋째, 성령으로 세례 받아 그리스도의 한 지체가 되었다는 것입니다.

"우리가 유대인이나 헬라인이나 종이나 자유자나 다 한 성령으로 세례를 받아 한 몸이 되었고 또 다 한 성령을 마시게 하셨느니라"(고전 12:13)

여기서 말하는 세례는 예수님께서 "나의 받는 세례를 받을 수 있느냐"(막 10:38 참조)라고 하실 때의 그 세례와는 관련이 없습니다.
고린도전서 12장 13절에서 언급한 사람들은 이미 물로 세례 받은 사람들입니다. 그러나 예수님은 보혈의 피로 받는 세례를 말씀하시는 것입니다.
'세례'라는 말은 본래 '구별하다, 선별하다'라는 뜻입니다.

예수님은 성령으로 우리가 세례 받음으로서 그리스도의 한 지체로 구별되며 선별되었다고 말씀하십니다.

'성령으로 세례 받아' 라는 구절이 신약성경에 일곱 번이나 언급되었습니다. 세례요한이 "나는 물로 세례를 주나 그는 성령으로 주리라"(마 3:11, 막 1:18, 눅 3:16-17, 요 1:26,33 참조)라고 말한 것은 네 번이나 기록되었습니다.

그리고 다섯 번째로 사도행전 1장 5절에서는 예수님께서 세례요한의 이 말을 인용한 것을 볼 수 있습니다.

여섯 번째로는 사도행전 11장 16절에서 예수님이 다시 한 번 세례요한의 설교를 언급하시면서 세례에 대해 말씀하셨습니다.

일곱 번째는 앞의 여섯 가지 언급과는 다른 상황입니다.

고린도전서 12장 13절에서 이 세례는 특별한 성도만 받는 선물이 아니라고 말합니다.

> "우리가 유대인이나 헬라인이나 종이나 자유자나 다 한 성령으로 세례를 받아 한 몸이 되었고 또 다 한 성령을 마시게 하셨느니라"(고전 12:13)

성령 세례는 우리가 영적으로 충만한지 아닌지와는 상관이 없습니다.

우리 모두 한 성령으로 충만함을 받도록 창조되었습니다. 2 더하기 2가 4라는 것은 신학에서는 통용되지 않습니다. 신학은 모든 것이 가능하다고 가르칩니다.

그래서 "신학은 공부해도 뭐가 뭔지 잘 모르겠어"라고 말하는 분도 있습니다.

분명한 것은 신학은 하나님과 하나님의 말씀을 공부하는 학문으로 모든 학문의 백미가 된다고 할 수 있습니다.

신학을 공부하는 이들은 하나님의 말씀을 제대로 이해하고 하나님이 원하시는 대로 쓰임 받도록 노력해야 합니다.

고린도전서 12장 13절에서는 성령으로 세례 받아 모든 성도가 그리스도의 한 지체가 된다고 말합니다. 성령세례는 "가진 자"와 "못 가진 자"로 나누는 것이 아니라 모두 "가지게" 합니다.

하나님의 말씀에 따르면, 성령으로 그리스도의 지체가 되게 하는 일반적 세례로 우리는 하나가 됩니다.

성령세례를 예수님을 구주로 영접할 때 하나님이 주시는 두 번째 은총이라고 생각하는 성도들도 있을 겁니다.

사도바울은 이에 대해 명쾌하게 설명해 주고 있습니다.

> "다 한 성령으로 세례를 받아 한 몸이 되었고 또 다 한 성령을 마시게 하셨느니라"(고전 12:13)

언제 그리스도와 한 지체가 되었을까요? 예수님이 여러분의 죄를 사하여 주시고 자녀 삼아 주셨을 때, 우리는 그리스도의 지체가 되었습니다.

영원히 그리스도의 자녀로 세례 받은 것입니다.

"다 한 성령으로 세례를 받아 한 몸이 되었고"(과거시제라는 것에 주목하십시오.) 성령을 받음으로서 한 지체가 된 것입니다.

세례는 한 번 받으면 그것으로 끝나는 것이 아닙니다. 계속해서 성령 충만함에 거하도록 노력해야 합니다.

사도들도 충만함을 입고 계속해서 성령 충만함을 채우기를 반복했습니다.

우리도 살면서 끊임없이 성령 충만함을 입도록 노력해야 합니다.

성도의 삶은 하나님의 성령을 입음으로써 하나님의 도우심을 받아 주의 사역을 감당하는 것입니다.

성령 충만함을 입어야 합니다.

사도바울은 에베소서 5장 8절에서 "너희가 전에는 어둠이더니 이제는 주 안에서 빛이라. 빛의 자녀들처럼 행하라" 라고 말했습니다.

끊임없이 성령 충만함을 입어야 합니다.

우리는 서로 같은 듯하면서도 다릅니다.

고린도전서 12장 4-5절을 보면 "은사는 여러 가지나 성령은 같고 직임은 여러 가지나 주는 같으며" 라고 했습니다.

우리 몸이 좋은 예가 될 수 있습니다.

신체의 각 부위와 기관은 모두 다릅니다.

귀와 머리카락이, 눈과 팔이 완전히 다릅니다.

그러나 각기 다른 기관들이 우리 몸이 활동하도록 도움을 줍니다.

하나님은 "너희가 이같이 서로 협력하기를 원하노라"라고 말씀하십니다.

사도바울은 신약성경 네 부분에서 다양한 은사에 대해 이야기 하고 있습니다(롬 12, 고전 12:8-10, 고전 12:28-30, 엡 4). 총 스물아홉 가지의 은사가 명시되어 있습니다.

예언과 말씀의 은사는 서로 다른 별개의 은사입니다.

예언은 하나님이 말씀하시는 진리를 대언하는 것입니다.

"예언하는 자는 사람에게 말하여 덕을 세우며 권면하며 안위하는 것이요"(고전 14:3)

하나님은 교사, 전도자, 목회자, 다른 사람을 돕는 자 등에게 이같은 은사를 주십니다.

성경공부 모임에서 한 형제에게 저는 "하나님께서는 형제님에게 다른 사람들을 돕는 은사를 주셨습니다.

형제님은 언제나 우리가 도움을 청하기도 전에 미리 그 일을 다 해주십니다.

기쁨으로 감당하시는 그 모습이 얼마나 아름다운지요"라고 말해준 적이 있습니다.

이 성령의 은사는 매우 신비한 것으로 일반적인 재능과는 많이 다릅니다.

성령으로 세례 받아 그리스도의 한 지체가 되었을 때 부여받은 성령의 은사는 우리 각자가 태어났을 때 받은 재능과 더불어 더욱 그 역할을 잘 감당할 수 있게 해줍니다.

신약 성경 네 곳에서 명시된 은사가 전부라고 생각하지는 않습니다.

이를테면 과학기술의 발달로 모든 것이 빠르게 변화하는 오늘날, 아마도 하나님은 몇 가지 은사를 더 첨가하시고, 몇 가지는 제외시키셨을 지도 모릅니다.

어쨌든 하나님의 성령은 오늘도 운행하시고, 교회에 능력을 부어 주십니다. 성도들은 서로 도우며 하나님께 영광 돌릴 수 있는 것입니다.

성도라면 "내게는 은사가 없어"라는 말을 해서는 안 됩니다. 무지해서 하는 말입니다.

기쁨으로 다른 성도들을 도울 수 있는 일을 찾다보면 여러분만의 은사를 틀림없이 발견하게 됩니다.

솔직히 성경구절 어디에서도 은사를 찾는 방법은 나와 있지 않습니다. 아마 하나님은 우리가 자기관찰과 적성 검사 같은 것에 시간을 허비하길 원치 않으셨나 봅니다.

다행히도 여러분에게 직접 또는 믿음의 형제, 자매를 통하여 우리의 은사를 깨닫게 합니다.

은사의 종류를 읽어보고 "하나님, 제가 어디에서 헌신하길 원하십니까?"라고 기도해 보십시오. 여러분이 받은 은사와 다른 성도들이 받은 은사에 대해 감사하고, 기뻐하십시오. 그리고 교회를 위해 그 은사를 사용하십시오.

은사를 사용하지 않는 것은 몸의 일부를 절단하는 것과 마찬가지입니다.

손이 절단되었다고 생각해 보십시오. 이 얼마나 충격적인 일입니까? "안녕하세요" 하고 손으로 악수를 청하면 따뜻한 온기까지도 상대방에게 전달할 수 있습니다.

"너희는 더 큰 은사를 사모하라 내가 또한 제일 좋은 길을 너희에게 보이리라"
(고전 12:31)

성령의 은사는 우리의 소망에 따라 주시는 것이 아니라 성령님의 뜻에 따라 주시는 것입니다. 그러나 제 개인적으로는 성도로서 우리 주변을 돌보기 위해서 우리에게 알맞은 은사를 구해야 한다고 생각합니다.

하나님은 우리가 그리스도의 지체로서 그 역할을 충실히 해내면서 복음을 전파하길 원하십니다.

하나님은 이것을 사랑이라고 말씀하십니다.

"내가 또한 제일 좋은 길을 네게 보이리라"(고전 12:21)

만약 한 성령 안에서 다른 사람과 '함께' 사역하고, 겸손히 자신을 낮추며, "형제와 저는 한 지체입니다"라고 기쁨으로 고백하지 못한다면, 성도로서의 삶을 아직 다 깨닫지 못한 것입니다.

"제가 여기 있습니다.
제가 여기 헌신하고자 나왔습니다.
다른 성도들을 위하여 제가 가진 것을 아낌없이 내 놓겠습니다"라고 말할 만큼의 믿음을 가지기 바랍니다.

•8장•
현숙한 아내 되기

우리는 가히 혁명의 시대에 살고 있습니다.

수년 전 앨빈 토플러가 「미래 충격」(Future Shock)이라는 책에서 "우리의 일상사를 와해시키는 신기술이 홍수처럼 대학과 연구소를 비롯한 일반 가정까지 범람할 것이다.

우리의 사생활에까지 신기술이 침투하여 일반가정에 예견치 못한 충격을 안겨다 줄 것이다"라고 말하며 가정의 붕괴를 예견했고 이 일은 실제로 일어났습니다.

이럴 때 일수록 말씀을 붙잡으면서 견고한 가정을 꾸리기 위한 하나님의 인도하심에 귀 기울여야 합니다.

가정은 교회를 이루는 가장 작은 단위로 교회에 헌신하기에 앞서 가정에서 우리의 의무를 충실히 이행해야 합니다.

베드로전서 3장 1-6절은 특히 아내들을 위한 말씀입니다.

"아내 된 자들아 이와 같이 자기 남편에게 순복하라 이는 혹 도를 순종치 않는
자라도 말로 말미암지 않고 그 아내의 행위로 말미암아 구원을 얻게 하려 함이
니 너희의 두려워하며 정결한 행위를 봄이라 너희 단장은 머리를 꾸미고 금을
차고 아름다운 옷을 입는 외모로 하지 말고 오직 마음에 숨은 사람을 온유하고
안정한 심령의 썩지 아니할 것으로 하라 이는 하나님 앞에 값진 것이니라 전에
하나님께 소망을 두었던 거룩한 부녀들도 이와 같이 자기 남편에게 순복함으로
자기를 단장하였나니 사라가 아브라함을 주라 칭하여 복종한 것 같이 너희가
선을 행하고 아무 두려운 일에도 놀라지 아니함으로 그의 딸이 되었느니라"(벧
전 3:1-6)

어떤 여성단체는 소위 여성을 '비하'하는 품목 중 하나가 성경이라고 지
적합니다. 아마도 그들은 이 말씀을 읽지 않았거나, 읽었다 하더라도 제대
로 이해하지 못한 것이 틀림없습니다.

성경은 우리가 질서와 하나님의 권위 하에 거해야 한다고 명시하고 있습
니다. 그렇다고 여성은 남성의 지배를 받으며 움츠리고 있어야 한다는 의미
가 아닙니다.

어머니와 아버지, 남편과 아내, 어린이와 젊은이, 이들이 각각 집안에서
일정한 위치를 차지하고 있는 것과 마찬가지로 여성도 하나님의 질서에 의

해 창조되었다는 것입니다.

베드로전서 3장 첫 번째 구절을 보십시오.

"아내 된 자들아 이와 같이…" 그리고 7절에서 "남편 된 자들아 이와 같이…"라고 말하고 있습니다.

우리는 "이와 같이"라는 말에 주목해야 합니다.

베드로전서에서는 남편과 아내의 관계를 비롯한 세 가지의 다른 관계에 대해서도 언급하고 있습니다.

첫째, 2장 11-14절에서는 위정자와 국민에 관한 말씀입니다.

"사랑하는 자들아 나그네와 행인 같은 너희를 권하노니 영혼을 거슬려 싸우는 육체의 정욕을 제어하라 너희가 이방인 중에서 행실을 선하게 가져 너희를 악행한다고 비방하는 자들로 하여금 너희 선한 일을 보고 권고하시는 날에 하나님께 영광을 돌리게 하려 함이라 인간이 세운 모든 제도를 주를 위하여 순복하되 혹은 위에 있는 왕이나 혹은 악행하는 자를 징벌하고 선행하는 자를 포장하기 위하여 그의 보낸 방백에게 하라"(벧전 2:11-14)

하나님은 시민으로서 온화하고 유순할 것을 당부하셨습니다.

사실 이 글이 쓰여졌을 당시가 로마 제국시대라는 것을 생각해 보면 이 말씀은 지키기 힘든 것이었을 겁니다.

둘째, 주인과 노예의 관계에 대해서 말합니다.

> "사환들아 범사에 두려워함으로 주인들에게 순복하되 선하고 관용하는 자들에
> 게만 아니라 또한 까다로운 자들에게도 그리하라"(벧전 2:18)

만일 좋아하는 일만 하고 산다면 이 세상은 어떻게 될까요?

어떻게 보면 상투적인 구절이라고 생각할 수도 있겠습니다만 이 글이 쓰여 졌을 때의 시대적 상황을 생각해봅시다.

노예가 존재했었고 때로는 가혹하게 다루어지기도 했습니다.

이것을 생각해보면서 베드로전서 2장 18-20절을 읽어봅시다.

> "사환들아 범사에 두려워함으로 주인들에게 순복하되 선하고 관용하는 자들에
> 게만 아니라 또한 까다로운 자들에게도 그리하라 애매히 고난을 받아도 하나님
> 을 생각함으로 슬픔을 참으면 이는 아름다우나 죄가 있어 매를 맞고 참으면 무
> 슨 칭찬이 있으리요 오직 선을 행함으로 고난을 받고 참으면 이는 하나님 앞에
> 아름다우니라"

지금까지 베드로는 계속 혁명적인 발언을 하고 있습니다.

그러나 세 번째 것은 예수님과 우리의 관계에 대한 말씀으로 원자폭탄과 같은 충격 그 자체입니다.

"이를 위하여 너희가 부르심을 입었으니 그리스도도 너희를 위하여 고난을 받으사 너희에게 본을 끼쳐 그 자취를 따라 오게 하려 하셨느니라 저는 죄를 범치 아니하시고 그 입에 궤사도 없으시며 욕을 받으시되 대신 욕하지 아니하시고 고난을 받으시되 위협하지 아니하시고 오직 공의로 심판하시는 자에게 부탁하시며"(벧전 2:21-23)

놀랍지 않습니까? 하나님께서는 남편과 아내 모두 결혼에 복종하라고 하십니다.

하나님이 말씀하신 "이와 같이"라는 구절은 따지고 보면 로마제국의 폭정 하에 있던 시민들과 악덕 주인 밑에 있는 노예들과 십자가에 달리신 예수님에게도 적용되었던 것입니다.

이 밖의 모든 인간관계에서도 우리는 예수 그리스도를 우리의 모델로 삼아 하나님의 뜻대로 행해야 합니다.

이 땅에서 예수님의 생애는 고난의 연속이었습니다. 오늘날 우리의 삶도 쉽지는 않지요. 차별대우를 받기도 하고, 때로는 인격적인 모독을 경험하기도 합니다.

이럴 때 우리는 어떻게 해야 할까요?

예수님을 본받아야 합니다.

예수님은 공의로 심판하시는 하나님을 전적으로 의지했습니다.

에베소서 5장에서도 남편과 아내가 서로 복종해야 한다는 가르침을 주고 있습니다.

"그리스도를 경외함으로 피차 복종하라"(엡 5:21)

그렇습니다. 서로 복종해야 합니다.

어느 성경학자는 이 구절이 "그리스도안에서 하나님을 경외하는 자들은 서로 맞춰가며 살아가라"라는 말씀이라고 풀이해줍니다.

우리는 겸손히 자신을 하나님 앞에서 낮추어야 합니다.

또한 정직하고 넓은 마음으로 남에게 베풀 줄 알아야 합니다.

사회적, 경제적으로 어떤 지위에 있건 이것이 바로 성도로서 우리가 해야 하는 일입니다.

베드로전서 3장은 "아내 된 자들아 이와 같이…"라고 시작합니다.

하나님의 아름다운 자녀가 되는 방법을 보여주고 있는 구절입니다.

특히 1-6절까지는 어떻게 하면 하나님 안에서 아름다운 여성이 되는지 알려주고 있습니다.

1절은 남편에게 순종하라고 말씀하십니다.

여성분들은 이 말에 "그 사람한테요? 전 못해요!"라고 발끈하기도 합니다. 이 말씀은 바로 여러분의 남편에게 순종하여 하나님 안에서 아름다운 자녀가 되라는 말씀입니다.

(결국은 부부가 함께 서로에게 순종해야 합니다.

하나님께서는 남편에게 가장으로서 역할에 순종하라고 명하셨으니 하나님께서 여러분의 남편을 도우실 것입니다.)

필립은 이 말씀이 "남편에게 맞추어 가며 살라"는 뜻으로 풀이해 줍니다.

남편을 전적으로 지지해주고 격려하면서 그의 편에 서십시오. 그렇다고 이 말이 "아내들이여, 남편이 뭐라고 하던 무조건 복종하라"라는 의미가 아닙니다.

마지못해서 따르는 것이 아니라 기쁨으로 남편의 협력자가 되십시오.

이것이 바로 아름다운 관계를 이루는 첫 단계입니다.

이는 마치 무더운 여름에 수영장에 들어가는 것과 같습니다.

처음에는 물이 차가워서 몸이 움츠러들지만 나중에는 편안해지지 않습니까. 처음에 남편에게 순종하라는 이 말씀이 다소 충격적이고 시대착오적인 말 같을 수 있습니다.

> "무릇 징계가 당시에는 즐거워 보이지 않고 슬퍼 보이나 후에 그로 말미암아 연달한 자에게는 의의 평강한 열매를 맺나니"(히 12:11)

남편에 대한 순종이 아름다운 이유가 두 가지 있습니다.

첫째는, 하나님께서 모든 남성들에게 책임감 있는 지도자가 되고자하는 본능을 주셨습니다.

만일 아내가 이것을 인정해 주지 않는다면 남편의 천성을 억눌러 주눅 들게 하는 결과를 가져오게 됩니다.

결혼식 날 남자는 중요한 경험을 합니다.

식장 입장을 목전에 둔 신랑들과 이야기를 나눌 기회가 있었습니다.

한 신랑이 "오늘 아주 막중한 책임감을 느낍니다"라며 다소 부담스러워 했습니다.

이런 신랑들을 위해 기도하고 격려하며 결혼식을 무사히 치를 수 있도록 도와주어야 합니다.

그러나 무엇보다도 그런 신랑들 자신이 "오늘 나는 내 여인을 맞이한다. 나는 평생 이 여자를 보호하고 돌보고 원하는 것을 해주어야지. 이 여자는 이제 내 아내가 아닌가!"라고 다짐할 줄 알아야 합니다.

"이제 아내가 있다"라는 이 말이 얼마나 아름다운 말입니까!

하나님은 아내는 남편에게 순종하여 남성들이 자신에게 내재된 위엄 있는 의무를 잘 수행하길 원하십니다. 아내는 남편이 리더십을 발휘할 수 있도록 도와야 합니다.

어떤 남편은 (어떤 환경에서 자랐는지 잘 모르겠지만) 가장으로서 가정을 이끄는 것을 회피하며 아내에게 그 역할을 미룹니다.

그때 아내는 "당신이 이끄셔야지요. 하나님이 그걸 원하시는데 저는 당신이 훌륭한 가장이 될 것을 믿어요. 그러니 우리가정을 위해 리더십을 발휘해 주세요"라고 말하며 격려해주고 기도해 주어야 합니다.

남편에게 복종하면서 그에게 가장으로서의 권위를 실어주십시오.

이는 다분히 충격적인 명령이어서 크리스천이 아니고서는 받아들이기 힘듭니다.

예수님을 영접하면 주님께서 주시는 힘으로 능히 이 모든 일을 할 수 있습니다.

> "아내 된 자들아 이와 같이 자기 남편에게 순복하라 혹 도를 순종치 않는 자라도 말로 말미암지 않고 그 아내의 행위로 말미암아 구원을 얻게 하려 함이니"
> (벧전 3:1)

베드로는 결혼 후에 크리스천이 된 아내들에게 편지를 썼습니다.

(성경은 항상 비기독교인과는 결혼해서는 안 된다고 말합니다.

'불공평한 멍에' 라고 생각할 수도 있습니다.

"그래도 전 열심히 기도하고 있는데요" 라는 식으로 말하지 마십시오. 성경이 단호하게 하지 말라고 하는 것에 대해 기도하는 것은 성도의 도리가 아닙니다.)

어쨌든 결혼 후에 예수님을 믿게 된 아내들에게 베드로는 "만일 남편이 하나님의 말씀을 따르지 않는다면, 여러분의 행동으로 말없이 전도하라" 라고 가르칩니다.

만일 여러분의 남편이 믿지 않는다면 "우리 지금 교회 갈 거니까 빨리 옷

입어요. 이제부터 성경도 매일 같이 읽어요"라는 식으로 너무 몰아붙이지 마십시오. 이런 방법으로는 하나님을 믿게 할 수 없습니다.

여러분의 온화하고 다정다감한 태도로 인해 말하지 않고도 남편을 믿도록 하는 것이 하나님의 뜻입니다.

즉, 남편에게 복종하는 것이 매우 중요합니다.

둘째로, 복종이 아름다운 이유는 지극히 본질적인 이유로 여러분이 여성이기 때문입니다.

> "너희는 유대인이나 헬라인이나 종이나 자주자나 남자나 여자 없이 다 그리스도 예수 안에서 하나이니라"(갈 3:28)

이 말씀처럼 예수 그리스도 안에서 하나님은 우리를 한 가족으로 생각하십니다.

가족 구성원으로서 역할을 부여 받은 우리는 이를 성실히 수행할 필요가 있습니다.

여성은 남성과 동등합니다. 저를 포함한 모든 남성들이 잘 알고 있습니다.

그러나 동등함과 비슷함을 혼돈해서는 안 되겠습니다. 하나님은 모든 사람을 동등하게 창조하셨습니다.

남편은 가장으로서 하나님께 복종해야하고, 아내는 남편을 따르면서 하나님께 복종해야 합니다.

요한 크리소스톰(John Chrysostom)은 "현명한 아내는 남편이 그의 역할을 아내에게 양보한 만큼 멸시와 조롱을 받게 된다는 것을 깨닫는다"라고 했습니다.

순종적인 아내는 내적인 아름다움을 갖추게 됩니다.

많은 성경 해석서들은 순종적인 아내를 "순수하고, 겸손하다"라고 묘사합니다.

그리고 킹 제임스 버전의 성경은 "정숙하다"라는 단어를 사용합니다.

모두 좋은 말들입니다.

> "너희 단장은 머리를 꾸미고 금을 차고 아름다운 옷을 입는 외모로 하지 말고 오직 마음에 숨은 사람을 온유하고 안정한 심령의 썩지 아니할 것으로 하라 이는 하나님 앞에 값진 것이니라"(벧전 3:3-4)

하나님은 여자를 창조하실 때 아름다움을 추구하는 감성을 주셨습니다.

남자는 그런 감각이 없습니다.

베드로가 쓴 정숙한 태도는 무엇을 의미할까요?

여성들은 화려한 장식이 달리지 않은 심플하면서도 우아한 드레스를 잘 알겁니다. 정숙하다는 것은 이처럼 성숙한 인격을 지녔으나, 요란하게 드러내지 않고 절제할 줄 아는 것을 의미합니다.

하나님을 의지하면서 순수하고 검소하게 사는 자매들에게 하나님은 길을 열어 주십니다.

형제들이여! 남성으로서 우리는 자기 아내가 우아한 삶을 살도록 할 책임이 있습니다. 결혼 생활을 할 때 서로에 대한 예의를 지켜야 합니다.

특히 우리 남성들은 아내를 늘 배려해야 합니다. 가장 사랑하는 사람일수록 예의를 지켜서 대해야 합니다.

그러나 대부분 집에 들어서면 짜증내고, 식구들에게 상처를 줍니다. 직장 동료에게는 친절하면서 자기 아내에게는 함부로 대하는 것은 죄악이며, 이는 실패한 남편의 대표적인 모습이라 할 수 있습니다.

여러분의 연약한 아내가 아름다운 인격을 갖추지 않았다면, 여러분의 짜증을 받아주지 않았을 것입니다.

마빈 빈센트(Marvin R. Vincent)의 오래된 책「신약 성경 연구」(Word Studies in the New Testament)에는 로마시대에는 패션이 대단히 중요한 사회적 관심사였다고 쓰고 있습니다.

"로마시대 여성들은 머리치장에 엄청난 사치를 부렸다.

모임이 있을 때 마다 초대받은 사람들은 자연스럽게 마치 중요한

논제처럼 누구의 헤어스타일이 가장 멋있는지 투표를 했기 때문에 여성들에게 아름다움을 가꾸는 것은 중요한 과제가 되어버렸다.

그래서 머리에 많은 장식을 꽂았다. 앞에서는 당당한척했지만, 모두들 돌아서면 처량함을 느꼈다.

예쁜 색으로 머리카락을 염색하고, 값비싼 꽃으로 장식하고, 금실 머리 망을 꽂는 것이 유행이었다."

마지막 문장을 읽었을 때 저는 한대 얻어맞은 것 같았습니다.

"가발과 화려한 머리장식은 한물갔다."

수십억에 달하는 화장품 산업을 보면 오늘날 여성들도 로마 시대에 화려한 머리장식을 했던 여성들과 다를 바가 없는 것 같습니다.

이제 저는 외적 아름다움이 중요하다는 데 동의합니다.

남편과 친구들과 하나님을 위해서 매력적으로 보이도록 꾸미는 것은 중요합니다.

한 화장품 광고 첫 구절입니다.

"게으른 여성이 일어났을 때, 남편은 이미 출근했습니다.

못생긴 여자는 없습니다.

단, 게으른 여자만 있을 뿐이지요."

그러나 성경은 여러분 중심에 있는 '속사람'에 더 주목합니다.

"하나님 보시기에 온화하고 유순한 성품"이야말로 불멸의 보석이라 해도 과언이 아닙니다.

하나님의 자녀 된 여성은 내면의 아름다움을 가꾸는데 신경을 써야 합니다. 또한 하나님의 자녀 된 여성은 그 가정을 평화롭고 아늑하게 가꿉니다.

집은 돌과 나무로 지어집니다. 그러나 가정은 예수님을 섬길 때의 마음가짐처럼 순종하는 온화한 여성의 노력으로 세워집니다.

여러분! 유순함은 연약함과는 전혀 다른 절제된 강인함을 의미합니다.

하나님의 여인에 대해 말하고 있는 잠언의 마지막 장을 읽어보십시오. 그러면 "내 아내가 정말 강한 사람이구나"라고 깨닫게 될 것입니다.

자녀와 가정을 돌보는 아내들은 (어떤 아내들은 사회생활까지 병행하기도 합니다.) 강인하고 현명하고 자기 일도 잘 해내야 합니다.

잠언 31장은 이렇게 말합니다.

> "누가 현숙한 여인을 찾아 얻겠느냐 그 값은 진주보다 더 하니라
> 그런 자의 남편의 마음은 그를 믿나니 산업이 핍절치 아니하겠으며
> 그런 자는 살아 있는 동안에 그 남편에게 선을 행하고 악을 행치 아니하느니라
> 그는 양털과 삼을 구하여 부지런히 손으로 일하며
> 상고의 배와 같아서 먼데서 양식을 가져 오며
> 밤이 새기 전에 일어나서 그 집 사람에게 식물을 나눠주며

여종에게 일을 정하여 맡기며"(잠 31:10-15)

"고운 것도 거짓되고 아름다운 것도 헛되나
오직 여호와를 경외하는 여자는 칭찬을 받을 것이라
그 손의 열매가 그에게로 돌아갈 것이요
그 행한 일을 인하여 성문에서 칭찬을 받으리라"(잠 31:30-31)

여성들은 현명한 소비를 하는 주체로서 가정에서 맡겨진 의무를 다하기 위하여 노력해야 합니다.

하나님께서 그런 여러분을 축복하십니다.

베드로전서에는 사라에 대해 묘사한 부분이 있습니다.

"전에 하나님께 소망을 두었던 거룩한 부녀들도 이와 같이 자기 남편에게 순복함으로 자기를 단장하였나니 사라가 아브라함을 주라 칭하여 복종한 것 같이 너희가 선을 행하고 아무 두려운 일에도 놀라지 아니함으로 그의 딸이 되었느니라"(벧전 3:5-6)

"아브라함을 주라 칭하여" 사라는 남편 아브라함을 '주' 라 불렀습니다.

다소 우스운 이야기가 있습니다.

한 부인이 밤에 침대에 누우며 "주여, 무척 피곤합니다"라고 하니까 옆에 누워있던 남편이 "여보, 우리끼리 있을 땐 그냥 '자기' 라고 불러"라고 맞받아쳤다고 하더군요.

아마 그 남편은 베드로전서 3장의 내용을 제대로 이해하지 못한 것 같습니다.

'주' 라는 의미는 본래, '선생님' 혹은 '주인님' 을 의미합니다.

창세기를 보면 아브라함이 곁에 없었을 때에도 하나님께 기도할 때 사라는 남편을 '주' 라 불렀습니다. 즉 말로만 '주' 라 한 것이 아니라, 사라는 진실로 남편이 주라고 생각한 것입니다.

한편 사라는 외모 때문에 큰일을 겪었습니다. 68세에 이집트 파라오에게 끌려가 첩이 되기도 했습니다. 90세에는 블레셋의 왕이 사라를 취하려고 했습니다.

그래도 사라의 진정한 아름다움은 알려지지 않았습니다. 수천 년이 지난 후 베드로전서에서 하나님은 우리에게 사라의 진정한 아름다움은 유순하고 온화한 평화로운 태도라고 기록했습니다.

5절에서는 마침내 사라의 아름다움의 비결이 밝혀집니다.

"하나님께 소망을 두었던"

이것이 바로 나이가 들어가면서 더 아름다워질 수 있는 비결입니다.

남편이 어떤 사람이던 간에 아내들은 우선 하나님을 믿는 하나님의 사람이 되어야 합니다.

아내 여러분, 하나님이 원하시는 길을 가고 싶습니까? 아니면 여러분이 원하는 길을 기를 쓰고 힘들게 가고 싶습니까?

믿음의 아내 여러분, 하나님을 온전히 의지하여 하나님이 원하시는 일을 하시기 바랍니다.

하나님과 남편을 비롯한 가족을 위해 위엄과 아름다움으로 맡겨진 사명을 다 할 수 있는 순종하는 마음을 구하십시오.

하나님은 여러분을 자랑스럽게 생각하시고 진정한 아름다움을 주실 것입니다.

·9장·

존경받는 남편 되기

유명한 역사학자 에드워드 기본(Edward Gibbon)이 쓴 글을 읽은 적이 있습니다.

"국가는 군사 공격, 경제 불황, 기아, 기근, 홍수, 가뭄, 그리고 정권변화에서는 살아남을 수 있다. 그러나 가정이 무너지면 학교, 교회, 정부 등 모든 가치 있는 것이 사장된다"라고 썼습니다.

오늘날 가정은 위기에 처했습니다.

많은 결혼한 부부가 어려움을 겪고 있습니다.

가정이 별로 중요하지 않다면 신경 쓸 필요가 없겠지요. 그러나 가정은 모든 생활의 근원이 되는 곳으로 가정에서 승리하면 진정한 승리를 이룬 것이지만, 가정에서 실패하면 모든 것에 실패한 것과 같습니다.

그리고 이런 실패의 상처는 깊은 응어리를 남깁니다.

하나님이 가정에 대해서 어떻게 말씀하시는지 귀 기울일 필요가 있습니다.

베드로전서 3장 1-6절은 먼저 아내에게 말씀합니다.

그리고 7절에서 "남편 된 자들아 이와 같이 지식을 따라 너희 아내와 동거하고 저는 더 연약한 그릇이요 또 생명의 은혜를 유업으로 함께 받을 자로 알아 귀히 여기라 이는 너희 기도가 막히지 아니하게 하려 함이라"라고 남편에게 말씀하십니다.

성도들은 목회자의 메시지에 영향을 받기 때문에 목회자에게 설교하고 글을 쓰는 일은 큰 책임감이 따릅니다.

이번 주 저는 베드로전서를 읽으며 묵상했습니다.

한창 열심히 읽고 있을 때 아내가 와서 "당신 뭐하세요?"라고 물었습니다.

제가 "남편에 대한 구절을 한데 엮어서 다음 주 화요일까지 인쇄소에 보내려고"라고 대답하자 아내는 "그럼 6일 동안 더 생각해 보시고 잘 마무리 하시면 되겠네요"라고 말했습니다.

'남편'을 뜻하는 영어단어 'husband'는 동사로 '절약하다' 또는 '밭을 갈다'라는 뜻에서 유래한 것입니다.

영어성경에서는 남편이라는 말로 'husband' 대신에 'husbandman'이라는 단어를 사용했습니다.

이는 '농사' 라는 뜻입니다.

예수님께서 요한복음 15장 1절에서 "내가 참 포도나무요 내 아버지는 그 농부라"라고 말씀하셨을 때, 영어 성경에서는 농부라는 단어 'farmer' 대신에 'husbandman' 이라는 단어를 썼습니다.

하나님께서 사랑하는 포도나무를 아끼고 보살펴주시듯이 남편은 그 가정을 돌봐야 합니다.

유대인들은 남편을 모든 가정의 시초로 여겼습니다.

오늘날에도 유대인들은 아브라함을 '우리의 아버지' 라고 칭하는데 여기에는 이유가 있습니다.

12명의 아브라함의 자손들이 12부족의 아버지가 되었기 때문입니다.

이들의 자손은 매우 빠른 속도로 번성했습니다.

각 부족에서 각 가정의 남편들은 하나님의 종으로 가족 구성원들을 비롯한 자신들의 죄를 위해 하나님께 제사를 드렸습니다.

가장은 가족구성원들의 안전과 그 행동에 책임이 있었던 것입니다.

모든 이스라엘인들이 한자리에 모일 때, 남편은 식구들의 맨 앞에 섰습니다.

만일 가족이 망신을 당하면 남편이 책임을 져야 했습니다.

예를 들어 하나님이 르우벤에게 "너는 더 이상 물을 얻을 수 없다"라고 말씀하신 이유는 그의 가족이 잘못을 했기 때문입니다. 잘못한 가족들을 비롯하여 가장으로서 르우벤은 심한 모욕감을 느꼈습니다.

"내가 남편입니다"라고 하나님 앞에서 말하는 것은 상당한 책임감이 따르는 말입니다.

베드로전서 3장 7절의 앞부분은 "남편 된 자들아 이와 같이 지식을 따라 너희 아내와 동거하고"라고 시작합니다. "너희 아내와 동거하고"라는 말은 불필요하게 별거하지 말라는 뜻입니다.

결혼한 사람들은 영적으로도 배우자와 하나 되어 수건조차도 네 것, 내 것으로 구별하지 말아야 합니다.

"지식에 따라"라는 구절에 대해 필립은 명쾌하게 "함께 사는 아내를 이해하려고 노력하며"라고 해석해 줍니다.

("노력하여"라는 이 말이 얼마나 반가운지 모르겠습니다.

그렇지 않으면 남편들에게 이 얼마나 힘든 명령입니까!)

저와 상담했던 결혼식을 앞둔 신랑들에게 "이제 여러분의 아내를 좀 이해합니까?"라고 물으면 신랑들은 머리를 긁적이며 "글쎄요. 목사님, 전부는 이해하기 힘듭니다"라고 말합니다.

그러면 저는 "합격입니다. 그 정도면 됐어요"라며 용기를 북돋워줍니다.

사람은 다 복잡한 존재입니다. 우리들 중 어느 누구도 모든 것을 다 이해할 수는 없습니다. 때론 자기 자신을 이해하는 것도 힘드니까요.

제임스 헨리 조엣(James Henry Jowett)이 "지식에 따라"라는 구절에 대해 쓴 글이 마음에 들어 인용해 봅니다.

"'지식에 따라'라는 말은 이해 할 수 있는 분위기를 뜻하는 것이다.
우리는 어쩌면 이 구절을 반대로 이해하고 있는지 모르겠다.
'아내와 서로 무시하며 살아라. 장님처럼 절대 자신의 소망 외에는
다른 것을 보지 말라. 시야를 좁게 고정시켜 자신만 바라보라. 절대
이해하는 견해를 갖지 말고 오직 무시하면서 살라.'
그러나 예수님의 제자 베드로는 이해하며 살라고 당부한다. 시야를
넓히고 각성하여 올바른 판단에 따라 행동해야 한다. 욕망에 따라
행동하지 말고, 개인적인 욕구가 전부가 되지 않도록 주의해야 한
다. 분별력을 강화하여 사려 깊게 생각하고 늘 깨어있어야 한다.

강한 분별의 영이 없으면 많은 은혜로운 예배를 망쳐 놓는다. 이는
저가 마음이 악해서가 아니라 충분히 생각하지 않기 때문이다.
그는 무지함속에 거하여 그의 사고는 멈추었고, 아름답고 애써 가꾼
가정에 타격을 입히고, 상처를 주어, 결국 깨뜨리게 된다."

베드로는 "남편 된 자들아 이와 같이 지식을 따라 동거하고"라고 말하면서 왜 그래야 하는지 세 가지 이유를 제시합니다.

첫째, 아내가 "연약한 파트너"이기 때문입니다.

무엇보다도 아내들은 육체적으로 연약한 존재입니다. 필립 역시 연약함이 '육체적'인 것을 의미한다고 했습니다.

우리가 다 인정하듯이 여성들은 다른 분야에서 어쩌면 더 강하지만 일반적으로 신체적 조건으로 보면 남성보다 약한 것이 사실입니다.

킹 제임스 버전 성경은 여성을 나타내는 말로 '연약한 그릇'(the weaker vessel)이라고 썼습니다. 'vessel'은 'vase'에서 유래된 단어입니다.

(어떤 물건이 비싸면 vase에서 유래된 "vashe"라고 하는데 대부분 여성들은 매우 귀중한 존재들(vashes)입니다.)

화병은 중요한 것을 담는데 쓰이는 물건으로 화병이 들어있는 상자에는 으레 "취급주의"라는 말이 써 있습니다. 또 "vessel"이라는 단어에서 조끼를 나타내는 "vest"가 유래된 것입니다.

여성의 몸은 남성의 것보다 약합니다. 이런 이유로 베드로는 남성들에게 연약한 아내를 돌보아야 한다고 역설합니다.

간혹 비기독교 문화에서 여성들이 밖에 나가 소를 끌며 쟁기질을 하는 동안 남성들은 시장에 가거나 친구들을 만나서 수다를 떨거나 물 담배를 태웁니다.

그걸 보면 '너무하다'는 생각이 듭니다.

그런데 서구 문화를 살펴보면 많은 일하는 여성들이 하루 종일 업무에 시달리고 퇴근해서 식사준비와 청소, 빨래 등을 합니다. 최근 한 잡지에서 조사한 바에 따르면 맞벌이 부부의 남편은 전업주부의 남편처럼 거의 가사를 도와주지 않는 것으로 나타났습니다.

베드로전서 말씀을 새겨 읽고 우리 남편들은 아내들을 도와주어야겠습니다. 특히 아내가 일한다면 남편과 그 자녀들은 반드시 가사 분담을 해야 합니다.

여성은 남성보다 약하지 않습니까.

아내가 아파서 아이들을 돌보고 집안일을 해야 할 때, 어떤 남편들은 "당신은 왜 자꾸 아픈 거야? 집안은 이렇게 엉망으로 해 놓고서는!"이라고 말하면서 짜증을 냅니다.

게다가 아이들이 정신없이 집안을 뛰어다니며 말썽까지 부리면 "차라리 일하러 가겠어"라고 말하기까지 합니다.

아내는 아프지도 못합니까?

"지식을 따라 아내와 동거하고." 크리스천이라면 반드시 이 말씀을 따라야 합니다.

제 아내가 첫아이 쉐리를 워싱턴에서 낳았을 때 장모님이 몸조리를 도와주기 위해서 오셨습니다.

공항으로 장모님을 마중 나갔을 때, 제가 "다행이에요. 순산이었거든요" 라고 말씀드리자 "흥, 자넨 그게 얼마나 힘든 일인지 절대 모를걸세" 라고 대답하셨습니다.

"남편이 된다"라는 것은 아내를 나무 가꾸듯이 돌본다는 것을 의미합니다. 앞서 말씀드렸다시피 남편을 뜻하는 영어 단어 'husband' 는 '농부, 정원사' 라는 뜻이었습니다. 따라서 남편이 된다는 것은 아내를 보호하고, 먹이고, 입히고, 보살펴주는 것을 의미합니다.

이것이 바로 그리스도의 사랑을 실천하는 것입니다.

매튜 헨리(Matthew Henry)가 쓴 「주석」(Commentary) 6권에는 아내를 사랑하는 법에 대해 상당히 인상적인 구절이 있습니다.

> "아내의 인격을 존경하고 아내의 권위를 존중하라. 아내를 끊임없이 칭찬하고 아내의 말을 관심 있게 경청하라. 언제나 신뢰하고 자신감을 심어 주어라."

인상적이지 않습니까?

모든 사람들이 완벽한 남편감과 아내감을 찾습니다.

제 막내딸에게 "어떤 사람이랑 결혼하고 싶니?"라고 묻자 한동안 쑥스럽게 웃으며 말을 하지 못했습니다.

자신이 원하는 완벽한 사람은 실제로 존재하지 않습니다.

유명한 기독교 작가 케이트 밀러(Keith Miller)는 자신의 이상적인 아내는 마더 테레사와 엘리자베스 테일러, 그리고 베티 크로커(미국에서 요리의 여왕이라고 불리우는 가공의 인물 – 주 편집자)를 합쳐놓은 여성이라고 했습니다.

우리 주변 인물들을 살펴봅니다.

완벽한 사람은 없습니다.

하나님 앞에서 우리는 모두 죄인입니다.

하나님이 원하시는 삶을 살지 못하고 늘 넘어지고 쓰러집니다.

베드로가 제시한 지식에 따라 아내와 동거해야하는 두 번째 입니다.

둘째, 우리 남편들이 동등한 생명의 은혜를 유업으로 받을 자이기 때문입니다.

감격스러운 표현입니다.

"생명의 은혜를 유업으로 받을 자"라니요! 이 구절은 많은 목사님들이 결혼식 주례에 인용하십니다.

"예수그리스도께서 가르쳐주신 사랑과 존경으로 약할 때나 병들었을 때 곁에 있어주고 힘들 때, 슬플 때 서로 위로하며, 서로에게는 물론 가족들에게 정직하고 성실하면서 생명의 은혜를 유업으로 함께 받을 자로 동거하라."

두 사람이 진실하게 하나님 앞에 섰을 때 하나님께서 그 결혼을 축복해 주십니다.

그런 부부는 샘물같이 샘솟는 끊임없는 기쁨을 맛보게 됩니다.

이것이 바로 하나님의 은혜입니다.

제가 결혼한 분들께 "아이들이 정말 예쁘네요. 좋으시겠어요"라고 하면 90퍼센트는 "하나님의 은혜지요. 우리는 잘못한 것도 많은데 하나님께서 은혜를 베풀어 주셨어요"라고 대답합니다.

"생명의 은혜를 유업으로 받을 자" 이것이 바로 하나님과 함께 하는 사람들이 받는 축복입니다.

은혜위의 은혜, 넘치는 은혜! 계속되는 은혜!

이것이 바로 우리가 생명의 은혜를 유업으로 받을 자로서 동거할 때 누리는 축복입니다.

하나님의 은혜야말로 가족간의 유대를 결속시키고 하나님 안에서 쓰임 받을 수 있도록 해줍니다.

베드로전서 3장 7절에서 쓴 '상속자' (heir)란 단어는 고인의 후계자로 큰 돈을 받는 상속이 아니라, 부유한 고인으로부터 계속적으로 부족함 없이 상속받는 것을 뜻합니다.

예수님은 우리를 위하여 돌아가셨고, 우리는 끊임없이 예수님의 은혜와 부유함을 받고 있습니다.

결혼 생활에 있어서도 우리는 은혜의 상속자입니다.

만일 예수 그리스도를 여러분 마음속에 영접하지 않았다면, 하나님의 은혜 안에 사로잡혀있는 사람들이 누리는 풍성한 은혜에 대해서 알지 못했을 것입니다.

예수님을 붙잡으십시오. 은혜를 사모하고 여러분 결혼생활에 하나님의 도우심이 함께 하시길 기도하십시오.

"생명의 은혜를 유업으로 받을 자"가 되십시오.

이스라엘의 구약 율법에 따르면 결혼한 지 1년 미만인 남편은 전쟁에 징집되지 않는 혜택을 누렸습니다.

아마 사랑에 빠져 있어서 전투에 잘 집중하지 못할 거라고 여겼기 때문이라고도 볼 수 있는데, 사실 하나님의 사려 깊음이 반영된 법입니다.

이때가 바로 '나'가 아닌 '우리'를 배워야 할 때라고 생각했기 때문입니다.

결혼 1년은 달콤한 신혼의 때입니다.

10년이 되면 사랑도 그만큼 커집니다.

20년, 30년, 40년이 지나면서 서로를 더 잘 이해하게 됩니다.

"당신 그때는 나에 대해 잘 몰랐지. 그런데 어떻게 나와 결혼할 생각을 다 했소?"라고 물으면, 아내는 이렇게 대답하기를 바랍니다.

"그래도 내가 한 가장 현명한 결정이었어요"라고 대답합니다.

어떤 결혼은 차갑게 식어갑니다.

네 컷 짜리 만화를 본적이 있는데 남편이 신문을 보며 소파에 앉아 있고, 아내는 반대편에서 그런 남편을 애타게 바라보고 있습니다.

아마 어떤 질문을 한 모양입니다.

남편이 신문을 내려놓고 "물론 당신 사랑하지, 그런데 때론 그게 무거운 의무 같기도 해"라고 말합니다.

결혼은 고생하며 항해하는 망망대해에 떠 있는 배와 같습니다.

아침에 함께 눈뜨고 같이 시간을 보내고, 저녁에 같이 잠자리에 들어서 다음날 함께 일어나고…. 그러나 매일 같은 자리에 있지 않습니다.

여러분이 탄 배는 목적지를 향해 매일 조금씩 움직이고 있는 것입니다.

물론 모든 결혼은 손익을 반복합니다.

그러나 넘치는 은혜로 결국은 이익이 더 많습니다.

몇 년 전 한 아름다운 선배 크리스천 부부가 저희 부부에게 편지를 썼는데 저희 부부가 아직 그분들의 경지에 이르지 못한 것을 언급하면서 "언젠가 자네들도 여유 있는 안정된 삶을 느낄 날이 있을 걸세"라고 하였습니다.

브로우닝(Browning)의 시를 봅시다.

나와 함께 나이 먹으며

최고의 순간은 아직 오지 않은

처음의 사랑을 완성하는 것입니다

결혼은 끝없이 보상받으며 계속 성장하고 발전하는 관계라 할 수 있습니다.

셋째, 남편이 아내를 이해해야 하는 이유는, 그렇게 하지 않으면 기도가 막히기 때문입니다.

'방해받다'라는 영어 단어 'hinder'는 그리스말로 '사용되었다'라는 뜻입니다.

예를 들어 전쟁 중 교전 시에 한 군대가 적군의 접근을 '방해' 하려고 자신들이 사용했던 길을 끊어버리는 것과 같습니다.

베드로는 남편들에게 현명하게 살기를 당부합니다.

그렇지 않으면 하나님께로 향하는 영적인 길이 방해를 받기 때문입니다.

가정에서 그 역할을 제대로 하지 않으면서 하나님께 제대로 간구할 수 없습니다.

잘못된 가정생활 때문에 지금까지 얼마나 많은 기도가 상달되지 않았는지요. '방해받다' 라는 말은 어리석은 자가 기도를 지루하게 생각하고 기도를 못하게 된다는 뜻이지, 저가 기도를 안 한다는 뜻은 아닙니다.

어떤 분은 "이상하다. 기도할 맘이 안 생기네"라고 합니다.

가정에서 그 역할을 충실히 하지 못하면 기도하고 싶지 않고, 기도를 하더라도 그 기도가 힘이 없어 마치 앵무새처럼 의미 없이 좋알대는 기도를 하게 됩니다.

예수 그리스도의 지체로서 우리가 해야 할 중요한 일 중 하나가 열정적이고 힘 있는 기도로 하나님 앞에 나아가는 것입니다.

기도가 중요한 것을 알면서도 우리는 기도에 그다지 힘쓰지 않습니다.

"구하라 그러면 너희에게 주실 것이요 찾으라 그러면 찾을 것이요 문을 두드리라 그러면 너희에게 열릴 것이니 구하는 이마다 얻을 것이요 찾는 이가 찾을 것이요 두드리는 이에게 열릴 것이니라"(마 7:7-8)

성경은 기도에 대해서 이처럼 강조하고 있는데 우리는 거의 간구하지 않는 것에 대해서 놀라울 따름입니다.

이는 우리가 하나님의 말씀을 제대로 따르지 않아서가 아닐까요?

왜 우리는 기도하지 않을까요? 이유는 좋은 남편이 아니어서 입니다.

저는 제 자신에게 이렇게 말합니다.

> "너희가 얻지 못함은 구하지 아니함이요 구하여도 받지 못함은 정욕으로 쓰려고 잘못 구함이니라"(약 4:2-3)

야고보는 우리가 잘못된 간구를 하는 이유는 우리의 삶이 하나님을 향하지 않기 때문이라고 말합니다.

남편 여러분, 아버지 여러분, 여러분들이 간절히 간구하지 않으면 가족들이 고통받고 세상살이가 힘들어집니다.

가족 구성원들 사이에 대화가 단절되기도 합니다.

때때로 자녀들과 잘 지내기가 힘들어지기도 합니다.

가정에 기강이 서지 않고 사랑과 기쁨이 없으면, 다른 모든 곳에서도 이같은 현상이 일어납니다.

학교 선생님들께 물어보십시오. 학업성취도 성적도 좋고, 적극적이고 사교적인 아이들의 뒤엔 안정적인 가정과 부모님의 기도가 있다고 이구동성으로 말합니다.

하나님과 아슬아슬하게나마 관계를 유지하거나 그나마도 아예 어떤 관계도 맺지 않으면 형편없는 열매를 맺게 됩니다.

하나님과의 관계를 피하는 것은 자신과 자신의 사랑하는 아내, 자녀, 교회, 혹은 국가에 대한 문제의 함정을 파는 것과 마찬가지입니다.

오늘날 우리가 겪고 있는 많은 문제들은 어쩌면 기도하지 않아서 비롯된 것일지도 모릅니다. "저는 기도를 그다지 많이 하지 않습니다"라고 말하는 분도 사랑하는 아내를 위해 하나님의 사람이 되어야겠다고 결심하는 순간 무릎을 꿇게 됩니다.

"지식을 따라 아내와 동거하고"

하나님의 사람이 되어 아내와 더불어 사십시오. 에베소서 5장 25절에서는 "남편들아 아내 사랑하기를 그리스도께서 교회를 사랑하시고 위하여 자신을 주심 같이 하라"라고 했습니다. 이를 위해 기도하십시오!

무엇을 어떻게 기도해야 할까요?

먼저 회개하십시오. 마음을 새롭게 하고 삶의 목적을 바꾸십시오. 집에 가서 "여보, 지금까지 참 잘못했어. 이제 이 가정을 위해 하나님의 사람이 되고 싶소"라고 말하십시오. 여러분이야 말로 가정의 보배입니다.

영적 양식을 제공해 주는 하나님의 말씀에 따라 생활하십시오. 가정생활에 있어서 절대 빗나가지 않으며 하나님 앞에 의로운 사람이 될 것입니다.

하나님을 따르는 기도하는 남편이 되십시오.

이는 오직 하나님의 은혜로만 가능합니다.

하나님의 넘치는 은혜가 여러분을 끊임없이 채울 것입니다.

"누구든지 지혜가 부족하거든"으로 시작하는 성경 구절처럼 누구든지 아내를 이해하면서 살기를 원한다면 하나님의 말씀이 명하는 대로 구하십시오.

"모든 사람들에게 후히 주시고 꾸짖지 아니하시는 하나님께 구하라"(약 1:5)

10장

하나님의 가정 세우기

알래스카에 두 마리의 호저가 살았습니다.

매우 추운 지역인지라 둘은 서로 가까이 붙어서 온기를 느끼려 했습니다.

그러나 둘이 서로 가까이 하면 의도하지 않게 자신들의 몸에 붙은 가시로 서로를 찌르게 되었습니다.

그래서 떨어져 있으면 춥고, 붙어 있으면 다시 서로를 찌르고…. 그렇게 춥고 찌름을 반복했습니다.

어떤 사람들의 가정생활은 마치 두 마리의 호저와 같습니다.

떨어져 있으면 외롭고 가슴 한 편에 허전함을 느낍니다.

그러나 가까이 붙어 있으면 서로를 찌르고 상처를 줍니다.

과연 이렇게 살아야 하는 걸까요?

하나님은 우리가 서로 가까이 지내면서 따뜻하고 편안한 관계를 유지하기를 원하십니다.

이런 관계를 형성하기까지는 몇 가지 어려움이 있습니다.

일반 가정에서 어떤 일이 일어나는지 한 번 살펴봅시다.

결혼하면 오직 한 사람만 만족시키면 됩니다. 물론 이 일이 항상 쉬운 것은 아닙니다.

어떤 남편이 형제가 많은 가정의 출신이라고 가정해 봅시다.

말 많고, 많이 먹고, 하루 종일 냉장고 문을 열고 닫기를 반복하고 다소 게으릅니다.

시댁 식구들 모두 먹고 싶을 때 먹고, 자고 싶을 때 자는 사람들입니다.

그러나 그 사람의 아내는 무남독녀 외동딸이라고 합시다.

매우 조용하고 질서있는 가정에서 자랐으며, 처가 식구들 모두 다소 엄격합니다.

이들 두 사람이 결혼했을 때, 많은 문제가 발생합니다.

곧 남편은 다음과 같은 노래를 부릅니다.

왜 우리는 사이좋게 지내지 못할까.

내가 하는 모든 일은 잘못된 것이지.

이유를 말해봐.

왜 난 널 기쁘게 하지 못할까.

화목한 가정을 이루기 위해서는 많은 노력이 요구됩니다.

현명한 철학자, G. K. 체스터톤(Chesterton)은 "수많은 결혼한 사람들을 만나봤는데 갈등이 없는 결혼은 없었다"라고 말했습니다.

그가 의미하는 바는 두 사람이 서로 다른 환경에서 자랐기 때문에 갈등이 있을 수밖에 없다는 겁니다. 즉 서로에게 적응하기까지는 많은 시간이 걸린다는 겁니다.

한 결혼 문제 상담자는 이렇게 말했습니다.

"성공적이고 지속적인 결혼 생활을 위해서는 딱 한 가지가 필요하다. 그것은 바로 두 사람이 보다 큰 나를 만들어 가기 위해 자신을 희생할 준비가 되어 있어야 한다는 것이다. 두 사람은 보다 큰 나를 창조하는 일을 중시하며, 일생동안 이루어야 할 과업으로 생각해야 한다."

첫 아이가 생기기 전까지 부부는 단 한사람과의 관계만 신경 쓰면 됩니다.

그러나 아이가 생긴 후에는 3각 관계에 관심을 기울여야 합니다. 즉 엄마와 아빠, 자녀와 엄마, 자녀와 아빠. 자녀가 둘이라면 상황은 훨씬 더 복잡해집니다. 육각 관계가 되니까요. 그러나 이것은 아무것도 아닙니다.

자녀가 네 명이면 15각 관계, 자녀가 다섯 명이면 21각 관계, 자녀가 여섯 명이면 자그마치 28각 관계가 형성됩니다.

현재 여러분의 가정에는 몇 각 관계가 존재합니까?

이 중 몇 명과 적응하며 살고 있습니까?

몇 명이 되었건 각각의 관계는 매우 소중한 것입니다.

사랑하는 가족 구성원 중 한 명이라도 없으면 "집안이 진짜 조용한데"라고 말합니다.

왜 그렇게 느끼는지 아십니까?

그 한 사람이 가정 내에서 다각의 관계를 형성했었는데 이내 그 관계가 더이상 없기 때문입니다.

최근 3주 동안 집을 비웠습니다. 가정에서의 사각 관계가 잠시 유보되었습니다.

비행기에 몸을 싣는 순간 오틀런드 가로부터 관계가 단절되는 것을 느꼈습니다.

할머니, 할아버지가 여섯명 식구의 가정을 방문했다고 가정해 봅시다.

갑자기 28각의 관계가 형성되고, 아이들은 "와! 식구가 많아졌다"라며 즐거워합니다.

그러나 반대의 경우도 한번 생각해 봅시다.

여섯 명의 식구가 할아버지, 할머니 댁을 방문한 것입니다. 할아버지와 할머니의 단출한 관계가 갑자기 28각 관계로 전환됩니다.

즐거운 시간을 보내다가 그 가족이 모두 돌아가 버리면 할아버지, 할머니는 서로 얼굴만 쳐다보다가 '푸' 하고 한숨만 쉽니다.

그리고 할아버지는 할머니에게 "내가 이젠 늙었나 보구려"라고 말하실 것입니다. 사실 할아버지는 회오리바람처럼 가버린 28각 관계에 대한 아쉬움을 느끼신 것입니다.

'정형화' 된 가정 외의 경우를 한번 생각해 봅시다.

홀어머니 밑에서 성장한 한 여성이 혼자 아이를 키우고 있는 남성을 만나게 되었습니다.

이때 그 남성은 홀로 아이를 키우다가 뜻밖에 새 식구를 맞게 된 것이지요. 이 경우 아이들은 당황하게 됩니다.

우리는 가정 내에서 이러한 다양한 관계를 평화롭게 풀기 위해 노력해야 합니다. 가정은 세상에서 가장 소중한 곳이기 때문입니다.

예전에 라이프(Life) 잡지에서 이런 글을 읽은 적이 있습니다.

"직장인들은 미소를 지으며 사람들을 대한다.

상사와 고객, 심지어 부하 직원들에게 깍듯이 예의를 갖춘다.

주부들은 옆집사람들은 물론 방문 판매원들에게 매우 공손히 대하며 집밖에서는 거의 큰 소리를 내지 않는다.

사회생활이 힘들어질수록 사람들은 가정에서 마음껏 짜증을 낸다.
결혼식장 입구에서 손님들을(전에 만난 적이 없거나 싫어하는 사람
들조차도) 환하게 웃으며 맞이하던 신랑, 신부도 일단 가정을 꾸리
고 나서는 서로에게 함부로 대한다."

뜨끔하지 않습니까? 다른 사람들에게는 다정하면서도 가끔 식구들에
게는 인색하게 대하신 적이 있지 않으신지요? 쉽지는 않겠지만 가정에서
우리의 태도를 바꿔야합니다.

그래서 가정을 참 사랑의 공동체로 만들어야 합니다.

이를 위해서 어떻게 해야 할까요? 세 가지 단계가 있습니다.

제1단계 : 가정을 이루기까지 하나님의 보이지 않는 손길이 있었음을
깨달으십시오.

하나님이 가정을 창조하셨습니다.
남성을 창조하신 후 "혼자 사는 것은 좋지 않다"라고 판단하신 하나님은
여자를 만들어 주셨습니다.
가정을 창조하신 것이지요.

기억하십니까? 세상은 하나님 보시기에 그리 좋지 않았습니다. 그래서 하나님은 홍수를 내리신 후, 노아와 그 가정을 통하여 다시 시작하게 하셨습니다. 다시 가정을 통하여 역사하신 것입니다.

창세기 12장에서 나타나있듯이 하나님은 이스라엘이라는 나라를 택하셨습니다.

이때도 하나님은 가정을 통해 일하셨습니다.

한번 창세기 12장을 읽어보면 하나님께서 얼마나 가정을 사랑하시는지 알 수 있습니다.

하나님의 눈에는 가정이야말로 기본적인 사랑의 공동체입니다.

가족 구성원사이에는 많은 공통점이 있습니다. 같은 장소에서 생활하고, 음식을 함께 나누며, 같은 성을 씁니다. 또한 많은 추억도 함께 나눕니다.

부부가 결혼을 하여 아이를 낳고, 그 아이가 성장하여 아빠와 비슷한 걸음걸이로 걷고, 말하기까지 많은 아름다운 추억을 함께 쌓아갑니다. 부부는 이내 자신들이 서로 닮아가고 있다는 것을 깨달으며 노년을 함께 준비합니다.

제2단계 : 확고한 믿음으로 가정을 하나로 결속시켜야 합니다.

예수 그리스도의 믿음 안에서 든든히 설 때, 하나님께서는 우리의 가정을 더욱 단단히 하나 되게 하십니다.

하나님은 먼저 우리를 예수 그리스도의 한 지체로 삼으신 후, 가정의 각 구성원이 믿음 안에서 새롭게 하나 되게 하십니다.

우리는 모두 하나님 안에서 한 형제, 자매이며 한 성령으로 한 그리스도를 섬깁니다.

성도의 가정은 그렇지 않은 가정보다 더 많은 공통점을 가지고 있습니다. 그리고 그 가정은 작은 교회라 할 수 있습니다.

에베소서 4장 1-3절을 봅시다.

> "그러므로 주 안에서 갇힌 내가 너희를 권하노니 너희가 부르심을 입은 부름에 합당하게 행하여 모든 겸손과 온유로 하고 오래 참음으로 사랑 가운데서 서로 용납하고 평안의 매는 줄로 성령의 하나 되게 하신 것을 힘써 지키라"

그렇다면 어떻게 교회 안에서 하나 되게 하고, 또 우리의 경우 가정 안에서 교회를 세울 수 있을까요?

"힘써 지키라"라는 말에 주목해서 하나님이 주신 이 사랑의 공동체를 소중하게 가꾸어 나가는데 힘써야겠습니다.

이 공동체를 사랑하고 내 몸과 같이 여기십시오.

성도의 가정은 관계를 강화시키는 그 무엇이 있으니 바로 그 가정이 하나의 작은 교회라는 것입니다.

"이와 같이 남편들도 자기 아내 사랑하기를 제 몸 같이 할찌니 자기 아내를 사랑하는 자는 자기를 사랑하는 것이라 누구든지 언제든지 제 육체를 미워하지 않고 오직 양육하여 보호하기를 그리스도께서 교회를 보양함과 같이 하나니 우리는 그 몸의 지체임이니라 이러므로 사람이 부모를 떠나 그 아내와 합하여 그 둘이 한 육체가 될찌니"(엡 5:28-31)

이번 주에 필즈(W.J. Fields)가 쓴 책을 통해서 더 깊이 이 말씀을 이해할 수 있었습니다.

"이 구절은 심오한 의미를 내포하고 있다. 사실 요즘 부부들은 자신의 배우자를 직장 생활처럼 결혼 생활의 동료로 생각하는 경향이 있다. 그래서 상대방을 함께 살기로 한 계약자로 자신과 별개의 권리와 계획을 가진 존재로 간주한다.

사도바울의 정의는 이같은 현대 젊은 부부들의 생각을 초월한 것으로 결혼을 공동체로 본다. 그의 견해에 따르면 결혼은 두 명의 개인이 존재하는 것이 아니라, 각 개인이 결혼의 일부가 되는 것이라고 한다.

즉, 결혼은 '한 몸'을 이룬 관계이며 결혼한 부부는 "이러한즉 이제 둘이 아니요 한 몸이니"(마 19:6)라는 성경말씀처럼 하나가 된 것이다.

누군가의 아내가 되었다는 것은 결혼생활을 함께 하는 별개의 존재가 아니라, 그 남편의 또 다른 자아가 되어 서로 떨어지지 않게 사랑

으로 묶였다는 것을 의미한다. 그러므로 남편이 자기 아내를 사랑
하면 절대 한눈을 팔 수 없다.

이는 자신의 일부로서 그 아내를 사랑하기 때문이다. 마찬가지로 아내도
남편을 사랑하면 절대 다른 사람을 마음에 둘 수 없다.
남편이 자신의 일부니까."

제3단계 : 순종함으로서 여러분의 가정이 하나 되게 하십시오.

남성은 가장의 역할을, 여성은 아내와 어머니의 역할을 맡게 됩니다.
자녀들은 부모를 공경하고 부모님께 순종해야 합니다. 즉, 가정에서 우리
는 하나님이 주신 역할을 충실히 감당해야 합니다.

"이는 남편이 아내의 머리 됨이 그리스도께서 교회의 머리 됨과 같음이니 그가
친히 몸의 구주시니라"(엡 5:23)

"남편들아 아내 사랑하기를 그리스도께서 교회를 사랑하시고 위하여 자신을
주심 같이 하라"(엡 5:25)

예수 그리스도는 우리를 위해 죽으셨습니다.
마찬가지로 남편들은 자신의 꿈과 욕심을 희생할 줄 알아야 합니다.
사랑하는 사람을 위해서 마땅히 개인적인 안락과 자신의 흥미를 접을 수

도 있어야 합니다.

즉, 가족을 위해서 기꺼이 희생해야 합니다.

예수님이 그러셨듯이!

그리고 남성이 가정을 이끌어야 합니다.

가장이 정말 가정을 사랑한다면 가정을 잘 이끌 수 있습니다. 대부분의 남성들이 잘 알고 있듯이 사실 아내들이 더 현명합니다.

그러나 남성을 하나님께서 가장으로 부르셨기에 우리는 이에 순종해야 합니다.

오늘날의 가정이 직면한 심각한 문제 중 하나가 많은 아버지들이 가장의 역할을 맡기를 두려워한다는 것입니다.

일반적으로 부인들이 어떤 면에서는 더 현명하다고 생각합니다. 그럼에도 불구하고 우리 남성들이 가장의 역할을 충실히 해내야 합니다.

하나님이 우리를 부르신 이유가 바로 여기에 있기 때문입니다.

믿기 힘든 일이지만 많은 부모님들이 자기 자녀들이 더 똑똑하다는 것을 알아채지 못합니다. 자녀들은 장성해가면서 부모님보다 더 많은 것을 알게 됩니다.

그래도 부모님은 부모님입니다.

아버지들이여!

때로는 십대 아들에게 얼굴을 맞대고 이렇게 말할 때가 올지도 모릅니다.

"난 이집의 가장이다. 아들아! 네가 이 사실을 알아줬으면 좋겠구나. 더 이상 네게 매를 들 수는 없지만, 어쨌든 난 이 가정의 가장이다."

후에 그 아들은 아버지의 이런 리더십을 자랑스럽게 생각할 것입니다.

그리고 아들에게 "널 너무 사랑해서 네가 빗나가는 것을 보고만 있을 수가 없구나"라고 말한 후 아들과 함께 무릎 꿇고 하나님의 도우심을 구하십시오. 대부분의 자녀들은 이런 아버지를 원합니다.

아버지들이여! 여러분은 하나님께서 임명하신 가장입니다.

이 사실을 잊지 마시고 사랑으로 가정을 이끄십시오.

"아내들이여 자기 남편에게 복종하기를 주께 하듯하라"(엡 5:22)

한 텔레비전 프로그램에서 사회자가 한 부부와 대화를 나누고 있었습니다. 부인에게 "집안의 가장이 누구입니까?"라고 묻자 "물론 남편이지요"라고 대답했습니다.

그러자 사회자가 다시 질문을 바꾸어 "누가 그것을 결정했습니까?"라고 묻자 "제가요"라고 대답했습니다.

우습지 않습니까? 그러나 사실 그 부인이 한 말이 정답입니다.

대다수의 남편들은 가장으로서의 리더십을 스스로 요구하지 않습니다.

거의 아내가 남편에게 일임하고 자신의 역할에 순종합니다.

아버지와 어머니, 남편과 아내로서 자신의 역할에 대해 이야기 나눌 필요가 있습니다.

어떻게 가정을 이끌어 나갈지, 어떻게 자녀를 양육시킬지 등에 대해 이야기를 하면서 가정을 하나 되게 할 수 있는 성경적인 방법을 대화를 통해 모색해야 합니다.

> "자녀들아 너희 부모를 주 안에서 순종하라 이것이 옳으니라 네 아버지와 어머니를 공경하라 이것이 약속 있는 첫 계명이니"(엡 6:1-2)

물론 자녀가 성장함에 따라 현명한 부모님들은 자녀에 대한 구속을 늦추면서 아이들이 스스로 책임질 수 있게 합니다. 이런 가정은 부모님과 자녀들의 관계가 믿음과 순종으로 똘똘 뭉쳐있습니다.

그 자녀가 성장하여 아내를 만나 가정을 꾸리게 되면 자신이 어린시절 경험했던 그 가정을 모델삼아 꾸려나갑니다.

자녀들은 부모님을 공경해야 합니다.

언제까지라고 기한이 정해진 것이 아니기에 하나님이 부모님을 우리 곁에 있게 하시는 한 부모님을 공경해야 합니다.

돌아가신 후에는 사진을 걸어둔다든지 하여 부모님을 기억하십시오. 그리하여 여러분의 자녀가 그 사진을 보며 증조부의 믿음의 유산을 물려받으며 성장하도록 해야 합니다.

오늘날 젊은이들은 우리 세대와는 다른 도전을 받으며 살고 있습니다.

크리스천 교육(Christian Education Trend)이라는 잡지에서 다음과 같은 글을 읽은 적이 있습니다.

> "왜 대학생을 비롯한 십대들은 자기만의 생각이 옳다고 열을 내며
> 부모님을 비판하고 기존의 권위에 도전할까?
> 아마 텔레비전 시청이 그 이유가 될 수 있을 것이다.
> 요즘 젊은 세대야말로 인류 역사상 처음으로 태어나면서부터 텔레
> 비전 매체에 노출된 세대가 아닌가.
> 토론토에서 '아동과 텔레비전' 이라는 주제로 토론회가 열렸을 때
> 한 학자가 우리시대의 아동을 태평양 섬에 사는 원시부족의 아동과
> 다를 바 없다는 발언을 했다.
> 그곳의 아이들은 그 부족의 모든 일에 그대로 노출되어 이른바 연령
> 에 따른 등급별 교육을 받지 않고 모든 정보를 그대로 얻기 때문이라
> 는 설명이다."

한번 생각해 봅시다.

아이들은 텔레비전 스크린을 통해 모든 결혼 생활의 문제점, 폭력 등 일상

사의 많은 문제점을 여과 없이 그대로 접합니다. 심지어는 정사 장면까지
도. 지적으로 방대한 양의 경험이지만 감성적으로 이 모든 것을 받아들이기
까지는 쉽지 않습니다.

젊은 세대에게 당부하고 싶은 말은 텔레비전을 통해 보는 것이 정보는 될
수 있지만 지혜는 될 수 없다는 것입니다.
지혜는 세상을 살아온 세월을 통해 얻어지는 것입니다.
한번 나이 드신 분들과 앉아서 눈을 맞추어가며 삶이 어떤 것인지 배우시
기 바랍니다.

오늘날의 가정은 문제점과 긍정적인 발전 가능성을 동시에 가지고 있습
니다.
어떻게 하면 가정의 순기능을 발전시킬 수 있을까요?
에베소서 5장 21절은 남편, 아내, 자녀 그리고 모두에게 방법을 제시해
주고 있습니다.

"그리스도를 경외함으로 피차 복종하라."

가정에서 우리에게 주어진 역할과 책임을 다해 낼 수 있도록 최선을 다해

노력해야 합니다.

기억하십시오. 예수님은 다른 사람을 판단하지 말라고 하셨습니다.

"비판을 받지 아니하려거든 비판하지 말라"(마 7:1)

예수님은 판단하는 자는 그 눈에 들보가 있으면서 다른 사람에게 '당신 눈에 티가 있소' 라고 말하는 것과 같다고 했습니다.

티가 있는 그 사람은 아마 '당신이나 잘하시지' 라고 말할 것입니다.

예수님은 가족간에 서로 겸손하라고 하셨습니다.

이에 대해서 갈라디아서 5장 13-16절이 잘 설명하고 있습니다.

"형제들아 너희가 자유를 위하여 부르심을 입었으나 그러나 그 자유로 육체의 기회를 삼지 말고 오직 사랑으로 서로 종노릇하라 온 율법은 네 이웃 사랑하기를 네 몸 같이 하라 하신 한 말씀에 이루었나니 만일 서로 물고 먹으면 피차 멸망할까 조심하라 내가 이르노니 너희는 성령을 좇아 행하라 그리하면 육체의 욕심을 이루지 아니하리라"

가정에서 서로 상처주고 으르렁거리는 것을 중단하십시오. 그리고 "그만! 이제 우리 집에서 서로 사랑하고 존중해 주자. 서로 비판하는 것을 그만두자"라고 선포하십시오. 그리고 하나님 앞에 그동안의 잘못된 행동을 회개하십시오.

"만일 우리가 우리 죄를 자백하면 저는 미쁘시고 의로우사 우리 죄를 사하시며 모든 불의에서 우리를 깨끗케 하실 것이요"(요일 1:9)

사랑하는 여러분, 자신을 굽히고 십자가 앞에 나아가십시오. 죄의 자백은 하나님과의 관계뿐만 아니라 여러분이 상처 주었던 사람과의 관계를 회복시킵니다.

만일 여러분의 자녀와 호저 같은 관계를 가졌다면, 먼저 다가가서 사랑의 말을 건네 보십시오. 하나님께서 여러분의 가정에 사랑의 온기를 불어 넣으시고 하나 되게 하실 것입니다.

성령이 이끄시는 데로 따르셔서 아내를 사랑하고, 정직하고, 강인하며, 온화한 하나님의 사람이 되십시오.

어떻게 이것이 가능할까요? 우리의 힘으로는 할 수 없지만, 오직 십자가 앞에 나아가 예수님이 주시는 힘을 얻을 때 가능합니다.

우리 모두 가정에서 불안정을 느낄 때가 있습니다. 행복으로 가득 차야 할 가정이 흔들리고 깨지는 것을 간혹 목격하게 됩니다.

사실 저희 가정도 한때 위기에 처한 때가 있었습니다. 행복하고 든든한 가정은 오직 하나님의 은혜로만 가능합니다.

십자가 앞에 나와 예수 그리스도 앞에 여러분의 가정을 맡기십시오.

가정의 천국화를 누릴 수 있을 것입니다.

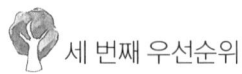

도움이 필요한 이 세상을 위해 사십시오

지구상에는 모두 63억여명이 살고 있지만, 만약 이를 100여명 사는 마을로 줄여본다면 어떨까요.

100명 중 52명이 여자고, 48명이 남자입니다.

30명이 어린이고, 70명이 어른입니다. 그 중 7명이 노인입니다.

70명이 유색인종이고, 30명이 백인입니다.

61명이 아시아인이고, 13명이 아프리카인, 13명이 남북아메리카인, 12명이 유럽인, 나머지는 남태평양지역의 사람입니다.

33명이 기독교, 19명이 이슬람교, 13명이 힌두교, 6명이 불교를 믿고 있습니다.

20명이 영양상태가 충분하지 않고, 한 사람은 아사 직전입니다.

하지만 15명은 비만 상태입니다.

6명이 모든 부의 59퍼센트를 독점하고 있고 전부 미국인입니다.

74명이 먹을 것을 비축하고 있고, 비바람을 피할 곳이 있습니다.

그러나 나머지 25명은 그렇지 못합니다.

17명은 안전하고, 깨끗한 물을 마시지 못합니다.

마을에서 한 사람이 대학을 나왔고, 두 사람이 컴퓨터를 갖고 있습니다.

그러나 14명은 글을 읽지 못합니다.

만일 아침에 일어나서 아픔을 느끼지 않는다면 그렇지 못한 100만 명의 아픔에 허덕이는 사람보다 축복받은 사람입니다.

만약에 전쟁의 위험, 감옥에서의 고독, 고문에 의한 고뇌, 기아의 괴로움 등을 경험해 보지 않은 사람이라면, 세계 인구 상류 500만 명 중의 한 사람입니다.

만약 고통, 체포, 고문, 혹은 심지어 죽음의 공포 없이 매주 교회를 다닐 수 있는 사람이라면, 이는 곧 지구상 30억 인구가 누리지 못하고 있는 것을 누리는 행운아입니다.

만약 냉장고에 먹을 것이 있고, 몸엔 옷을 걸쳤고, 머리 위로는 지붕이 있는데다 잘 곳이 있는 사람이라면, 이 세상 75퍼센트 보다는 풍요로운 생활을 하고 있는 것입니다.

만일 은행에 돈이 있고, 지갑 속에도 있고, 어딘가 잔돈만 모아 놓은 동전통이라도 있는 사람이라면, 지구상에선 상위 8퍼센트의 부자에 속합니다.

예레미아애가에 나타난 하나님의 비통에 찬 목소리에 귀 기울이십시오.

"들개는 오히려 젖을 내어 새끼를 먹이나 처녀 내 백성은 잔인하여 광야의 타조 같도다 젖먹이가 목말라서 혀가 입천장에 붙음이여 어린 아이가 떡을 구하나 떼어 줄 사람이 없도다"(애 4:3-4)

"그 모든 백성이 생명을 소생시키려고 보물로 식물들을 바꾸었더니 지금도 탄식하며 양식을 구하나이다"(애 1:11)

"노유는 다 길바닥에 엎드러졌사오며"(애 2:21)

"무릇 지나가는 자여
너희에게는 관계가 없는가"(애 1:12)

이글을 읽으시는 여러분은 아마 "예, 맞습니다. 밀접한 관계가 있지요"라고 대답하실 것입니다.

얼마 전 남아프리카에서 선교를 하고 있는 부부로부터 "이 지역의 치안과 질서는 서부시대보다도 더 형편이 없습니다"라고 쓴 이메일을 받았습니다.

그러나 다행히도 그 부부의 교회에 다니는 성도들이 질서를 바로잡기 위해 노력하고 있다고 했습니다.

"아이가 없는 한 부부가 우리 교회 근처의 노숙자 에이즈 센터에 가서 8명의 에이즈 양성 반응 아이들을 교회 학교와 자신들의 집에 데려가다 함께 시간을 보냈습니다. 그날 생일을 맞은 4살 된 여자 아이는 일주일전에 헛간에서 사망한지 3일 된 엄마 시체 옆에서 발견되었습니다.

이렇듯 너무 충격적인 일이 벌어지고 있지만 그 가운데서 예수님의 임재를 경험합니다."

시편 96편은 이렇게 소리칩니다.

"그 영광을 열방 중에 그 기이한 행적을 만민 중에 선포할찌어다
열방 중에서는 이르기를 여호와께서 통치하시니"(시 96:3,10)

우리는 이기적인 마음으로 우리 가족만 축복해 달라고 기도해서는 안 됩니다.

진실한 크리스천이 아닌 사람들은 "우리는 하나님의 선택을 받은 소수정예이다. 나머지 사람들은 다 지옥에 가겠지. 그 사람들이 천국에 오지 않았으면 좋겠어. 천국이 붐비는 게 싫거든"이라고 말합니다.

거대한 호화 여객선 타이타닉이 가라앉을 때 구명보트에 탄 사람들은 물에 빠진 사람들이 보트에 올라타려 했을 때 노로 못 올라오게 막았던 것이 이해는 갑니다.

성도로서 우리는 이런 이기적인 마음을 버려야 합니다.

그렇다면 과연 어디서부터 시작해야 할까요?

세 가지 제안을 하고 싶습니다.

1. 여러분 가족을 포함한 매일 여러분이 만나는 친구들에게 도움을 주기
   시작하십시오.

2. 여러분의 사려 깊은 말과 진심, 그리고 선물 등으로 예수님의 향기를 전해 받기를 원하는 여러분의 이웃과 교회, 그리고 소모임을 위해 지금 사랑을 정하십시오.

3. 성경이 말하는 '세상'으로 여러분의 기도와 편지를 필요로 하는 '선교지'—여러분 교회의 선교 활동, 국제 선교 기구 또는 구제 기관을 통하여 혹은 여러분이 직접 방문하여 도움을 줄 수 있습니다.

· 11장 ·

보지 못한 이웃 발견하기

하나님께서 우리를 통하여 전도하도록 하는 가장 효과적인 방법 중 하나가 기도입니다.

그러므로 구체적으로 기도하고 중보기도를 해 줄 사람을 구하여서 함께 기도하십시오.

얼마 전 제 아내 앤은 오랫동안 전도하지 못해 상심한 적이 있었습니다.

1월이 시작되었을 때 아내는 자신의 소모임 구성원들에게 "올해 6명을 전도하는 것이 제 기도 제목입니다. 기도해 주세요"(두 달에 한명씩 전도하겠다고 목표를 세운 것이었습니다.)라고 장담했습니다.

1월이 지나고 2월, 3월, 4월, 5월이 지나도록 한 명도 전도하지 못하자 아내는 이내 초조해지기 시작했습니다.

이제부터 한 달에 한 명씩 전도해야 할 형편이었습니다.

아내는 모임에 나가서 "도대체 저를 위해 기도해 주시고 계신 건가요?"라고 묻자 대부분이 그렇지 못했음을 시인하면서 이제부터는 기도하겠다고 약속했습니다.

그 후 며칠 뒤에 매주 모이는 성경공부 모임에 가던 중 잠깐 요기나 하려고 커피 전문점에 들러 스프를 주문했습니다.

옆에 앉아 있었던 한 자매분이 "제가 이 동네 처음 와서 그러는데 몇 가지 질문을 해도 될까요?"라고 운을 떼더니 "이 지역에 성경공부 모임이 있나요?"라고 묻는 것이 아니겠습니까!

놀라움을 감추지 못한 제 아내는 자기가 지금 성경공부 모임에 갈 참이라며 그 자매를 데리고 성경공부에 참석하여 결국은 그 자매가 예수님을 영접하게 되었습니다.

이분이 바로 진 타크(Jeanne Takch)로 제 아내가 받지 못했던 전도의 은사를 받은 분입니다. 진은 몇몇 친구를 비롯하여 세탁소 주인인 자신의 남편을 전도했습니다.

그리하여 진의 남편은 그 성경공부 모임의 청일점이 되었습니다.

빠른 하나님의 응답에 감동받은 성경공부 구성원들은 계속 기도의 불을 붙였습니다.

그리고 하나님은 곧 제 아내의 기도 제목이었던 그해 6명을 전도하는 것에 응답하셨습니다.

기도는 여러분 자신과 다른 사람들에게 있어서 매우 중요합니다.

기도를 여러분 삶의 한 부분으로 삼아 무슨 일을 하던지 먼저 하나님께 아뢰십시오.

"시몬 베드로가 나는 물고기 잡으러 가노라 하매 저희가 우리도 함께 가겠다 하고 나가서 배에 올랐으나 이 밤에 아무 것도 잡지 못하였더니"(요 21:3)

반 류(Van Ryu)는 다음과 같은 글을 썼습니다.

"실패만 있었습니다.

무엇이 문제였을까요?

능력이 없어서일까요? 아닙니다.

경험이 부족해서일까요? 아닙니다.

리더십의 문제일까요? 아니요. 베드로는 자질있는 지도자였습니다.

협동심이 부족해서일까요? 절대 아닙니다.

노력이 부족해서일까요? 아닙니다.

밤새도록 노력했었거든요.

바로 하나님의 도우심이 부족했기 때문입니다.

'나를 떠나서는 너희가 아무 것도 할 수 없음이라' (요 15:5).

우리는 이 일을 교훈 삼아야 합니다."

전도는 사람이 하는 것이 아니라 하나님이 하시는 것입니다.

단순한 사교 기술로 가족이나 친구들을 대하지 마십시오. 잘 아시다시피 사랑으로 시간과 정성을 다하여 대해야 합니다.

하나님께서 여러분의 마음에 능히 해낼 수 있는 좋은 방법이 생각나게 하실 것입니다.

하나님을 모르는 이들이 어디로 가고 있는지 기억하십시오. 이들은 얼핏 보면 그런대로 잘 살고 있는 것 같습니다.

그러나 이들이 과연 어디로 향하고 있습니까? 길을 잃고 방황하고 희망 없이 하루하루 살고 있습니다. 마치 해충이 들끓는 오두막에서 살고 있는 이슬람교도나 쓰레기통에서 먹을 것을 뒤지고 있는 이교도들 같이 말입니다. 이들이 어디로 가고 있는지 잊지 마십시오.

데살로니가후서에서는 하나님의 불의 심판이 곧 다가올 것을 말하고 있습니다.

"환난 받을 너희에게는 우리와 함께 안식으로 갚으시는 것이 하나님의 공의시니 주 예수께서 저의 능력의 천사들과 함께 하늘로부터 불꽃 중에 나타나실 때에 하나님을 모르는 자들과 우리 주 예수의 복음을 복종치 않는 자들에게 형벌을 주시리니"(살전 1:7-8)

저 죽어가는 자 구원하고 죄악과 무덤에서 건져내며!

다가올 불의 심판을 깨닫고 계신다면 여러분 마음속에 전도의 불이 활활 타오르게 하십시오.

• 12장 •

이웃 사랑하기

이런 표어가 있습니다.

"오늘은 이웃, 내일은 세계로."

일단은 여러분이 살고 있는 곳, 몸담고 있는 일터에서 시작하십시오. 애통하는 자와 울고 즐거워하는 자와 함께 기뻐하고 상처받은 자들을 위로하십시오.

하나님의 말씀은 이 모든 상황에 대한 답을 주십니다.

그러나 때때로 우리 크리스천들은 적절한 행동을 취하지 못합니다. 이상한 말을 해서 다른 사람들이 우리를 별종이라고 생각하기도 합니다.

우리를 통해 역사하시는 하나님의 성령의 힘으로 다른 사람들과 복음을 나눠야 합니다.

우리는 이웃을 사랑하되 그들의 죄를 묵과해서는 안 되겠습니다.

세상을 닮지 않으면서 세상을 사랑할 줄 알아야 합니다.

이를 위해서는 우리의 태도가 매우 중요합니다.

제1우선순위를 충실히 따라야 합니다.

하나님 안에 온전히 거할 때 하나님은 우리의 요새가 되시고, 바위가 되시고, 피난처가 되십니다.

그리고 하나님께서 모든 위험으로부터 우리를 지켜주셔서 온전한 안전을 경험하게 됩니다.

이 진리를 깨달으면 세상에 물들지 않으면서 믿지 않는 우리의 이웃에게 하나님의 복음을 전파할 수 있습니다.

여러분 자녀의 친구가 길거리에서 나쁜 말을 하는 것을 보았을 때 집에 가서 자녀에게 그 아이와 놀지 말라고 말하지 마십시오. 오히려 자녀에게 이렇게 말해주십시오.

"그 친구 예수님 믿어야겠더라. 우리 그 친구를 저녁 식사에 초대해서 하나님의 사랑을 보여주자. 그 친구 곁에서 옳은 행동이 어떤 건지 보여주도록 노력하고 예수님을 만날 수 있도록 기도하자."

여러분의 이웃이야말로 말 그대로 선교지입니다.

하나님께서 여러분이 전도하고자 하는 사람들을 감화시켜 예수 그리스도를 영접하도록 도와주실 것입니다.

최근에 아이를 낳는데 수 백만원이 든다는 말을 들었습니다. 사실 이것은 아무것도 아닙니다. 실제로 적어도 1억원 달러 이상이 듭니다. 그리고 아이가 자라면서 그 비용이 더 많이 듭니다.

영적 자녀를 양육하는 것도 마찬가지입니다.

영적 양식을 먹이고, 돌보고, 믿음이 자라도록 도와야 합니다. 이 과정에서 비용이 많이 들긴 하지만 충분히 그만한 가치가 있고 예수님도 이것이 우리가 해야 할 일이라고 하셨습니다.

예수님이 승천하시기 전에 주신 명령이 마태복음 28장 18-20절에 나와 있습니다.

모든 권세를 주신 후 "가서 제자 삼으라"고 하셨습니다.

마음속으로 생각만 하는 것이 아니라 문 열고 나가서 복음을 전파하라고 하셨습니다.

런던에서 두 사람이 거의 같은 시간에 사망했습니다.

한 사람은 유럽에서 옷을 잘 입는 여성 중 한 명으로 꼽히는 사람으로 옷장에 많은 옷을 남겼습니다.

다른 한 명은 파란 정장 한 벌을 남긴 남성으로 말 그대로 그를 사랑하고 어려운 사람들을 돕는 수천 명의 제자를 남겼습니다.

론 새니(Lorne Sanny)는 이웃에게 적대적인 편지를 받고 기도한 것에 대해 이렇게 이야기 했습니다.

"그 편지를 받았을 때 문득 그 이웃을 점심식사에 초대해야겠다는 생각을 했습니다. 사실 제게 화난 사람과 식사를 한다는 것은 상상도 할 수 없는 일이었지만, 어쨌든 우리는 함께 점심을 먹었고, 그 이웃은 예수님을 영접했습니다.

그날 식당에서 식사를 주문한 후 그 이웃은 잠시 입술을 물더니 이렇게 말했습니다.

'그런 편지를 보내서 정말 죄송합니다. 잠시 제 마음 속이 분노로 가득 차 있었거든요. 제 아내와 저는 서로 말을 안 하고 지냅니다. 장성한 자녀는 집을 나가 연락도 하지 않고요. 어디를 가든 항상 크고 작은 싸움을 일으키곤 했습니다. 도움을 받고 싶습니다.'

저는 매주 그 분을 만나면서 에베소서 4장 30-32절의 말씀을 함께 나누었습니다. 곧 그분의 생활이 서서히 변하기 시작했고, 건강도 많이 좋아져서 혈압도 정상으로 돌아왔습니다. 단절되었던 부인과의 대화가 다시 시작되었고 집 나갔던 자녀는 다시 돌아 왔습니다."

누군가 여러분에게 "정말 예수 믿으세요?"라고 물으면 "물론이지요"라고 대답할 것입니다.

"전도하고 계세요?"라는 질문에는 아마 "아니요. 어떻게 해야 하는지 잘 몰라서요"라고 대답할 것입니다.

때때로 우리는 부족함과 연약함을 느낍니다.

"전도를 하고 있지만 큰 성과를 거두고 있지는 못합니다.

그래도 하나님이 저를 도구로 사용하실 거라 믿습니다."

이것이 우리의 고백입니다.

그렇습니다. 하나님이 도와주실 것입니다.

여러분의 이웃에게 헌신하십시오.

그래서 노년에 옷보다는 제자를 많이 남기십시오.

·13장·

넓은 마음으로 세상 끌어안기

요즘 우리는 그런 사람들을 보게 됩니다.

그런 사람들이란 생소한 언어를 말하고 아마 이상한 모자를 쓴 사람들일 것입니다.

그런 사람을 보게 되리라고 결코 기대도 안 했습니다.

그런 사람들을 우리는 가끔 텔레비전으로 볼 수 있을 것입니다.

2001년 9월 11일, 911사태 이후로 그들의 모습은 우리에게 다소 위험스러워 보이고 다소 지저분해 보이고 겁에 질린 듯하고 그리고 마치 텔레비전 카메라라는 전에 결코 본적 없다는 듯이 응시하는 듯합니다.

그들은 우리와 매우 다릅니다.

그렇다고 존재하지 않는 듯 외면해야 할까요?

예수님의 제자들은 외면하지 않았을 것입니다.

"무리를 보내어" (눅9:12)

그러나 예수님은 "무리를 보시고 민망히 여기시니 이는 저희가 목자 없는 양과 같이 고생하며 유리함이라" (마 9:36)라고 말하십니다.

하나님은 세상과 그리고 사람들을 사랑하십니다.

사도행전은 열정적인 전도의 보고서입니다. 그래서 '백성' (사람)이라는 단어가 여러 번 언급되어 있습니다.

모든 백성이 그 걷는 것과 및 하나님을 찬미함을 보고 (행 3:9)

모든 백성이 크게 놀라며 (행 3:11)

사도들이 백성에게 말할 때에 (행 4:1)

백성을 가르침과 (행 4:2)

모든 사람이 그 된 일을 보고 하나님께 영광을 돌림이러라 (행 4:21)

믿는 사람이 다 마음을 같이하여 (행 5:12)

백성이 칭송하더라 (행 5:13)

잠언에서 지혜가 어떻게 사람들에게 소리쳐 부르는지 봅시다.

"지혜가 길거리에서 부르며 광장에서 소리를 높이며 훤화하는 길 머리에서 소리를 지르며 성문 어귀와 성중에서 그 소리를 발하여 가로되"(잠 1:20-21)

예수님은 사람들에 대해 애통해 하며 이렇게 말씀하셨습니다.

"예루살렘아 예루살렘아 선지자들을 죽이고 네게 파송된 자들을 돌로 치는 자여 암탉이 그 새끼를 날개 아래 모음 같이 내가 네 자녀를 모으려 한 일이 몇번이냐 그러나 너희가 원치 아니하였도다"(마 23:37)

사도바울은 또 얼마나 애타게 영혼 구원에 힘썼는지요.

"바울이 아덴에서 저희를 기다리다가 온 성에 우상이 가득한 것을 보고 마음에 분하여 회당에서는 유대인과 경건한 사람들과 또 저자에서는 날마다 만나는 사람들과 변론하니"(행 17:16-17)

기독교 연합회의 창설자 심슨(A. B. Simpson)은 그 시대 위대한 인물인 메이어(F. B. Meyer)를 자신의 집에 묵게 했습니다.

메이어 씨는 아침 일찍 일어나서 QT를 하고자 조심조심 아래 창으로 내려 갔습니다.

서재의 문이 조금 열려 있어서 보니 심슨 씨가 누가 보고 있는 것도 모르는 채 책상에 앉아 있었습니다.

심슨 씨는 큰 지구본 앞에 앉아서 어떤 지역을 손가락으로 짚고 기도하고 있었습니다.

그리고는 또다시 다른 지역을 짚고 기도하기를 반복했습니다.

메이어 씨가 보고 있다는 것도 모르는 채 심슨 씨는 이내 지구본을 껴안더니 울기 시작했습니다.

우리 주변에 도움이 필요한 이웃은 곧 죽을 지도 모릅니다.

우리도 언젠가는 죽겠지만 그래서 오늘을 사는 우리는 이 땅에 함께 살고 있는 우리의 이웃을 도와야 합니다.

• 제가 20여 년간 목회했던 파사덴나의 리버사이드 교회는 선교에 대한 5년 계획을 세웠습니다. 현 담임 목사 고딕 커크(Gordon Kirk)와 선교 담당 목사 로저 보쉬(Roger Bosch)는 각각 5천 명의 사람들을 모아 캘리포니아 이민자 선교 단체는 물론이고 전 세계의 다양한 문화 선교사역에 힘쓰고 있습니다. 그래서 지난여름에 4백 명의 성도들이 복음을 들고 17개국으로 뻗어나갔습니다.

속한 단체의 크기는 불문하고 여러분의 교회는 선교에 힘쓰고 있습니까?

- 2달 전 일본 라이프 선교회의 위원회 회원으로 몽골을 비롯한 아시아 지역의 몇 나라(정확한 국명은 기억이 안 납니다.)들을 여행하였습니다. 여행기간동안 클린트 녹스와 아만마라는 선교에 아름다운 열정을 가진 젊은 두 청년을 만나게 되었습니다. 이 두 사람은 하나님의 도구로 쓰임 받을 준비가 되어 있었습니다.

여러분은 준비되어 있습니까?

- 목회자인 제 아들은 장로님 한 분과 이슬람 국가인 수단에서 추방당한 수단 목회자를 돌보고 가르치기 위한 쉼터를 운영하고 있습니다. (수단 정부는 2백만 명 이상의 타종교인들을 사형시키기도 했습니다.)

이런 일을 능히 감당할 수 있는 목회자가, 지도자가 될 수 있겠습니까?

- 몇 해 전 제 아내와 저는 아프가니스탄 카불에 3개월간 거한 적이 있습니다. 어떤 아프가니스탄 인이건, 이슬람교에서 기독교로 개종하면 고문을 받고 사형을 당했습니다만 외부세계에서는 이를 알아채지 못했습니다. 그러나 전쟁의 발발로 전 세계가 이 상황을 인식하게 되고 세계 각지의 크리스천들의 기도와 기독교 단체의 식량지원이 고통 받는 수백만 아프가니스탄 사람들에게 전달되었습니다.

여러분도 기도에 동참하지 않겠습니까?

혹은 이런 단체에 가입하지 않겠습니까?

• 저의 딸 쉐리와 사위 월트 허레이는 국제학생연합(ISI)과 연계하여 근처 대학에서 공부하는 한 중국인 부부를 도왔습니다. 이 부부를 저희 집 추수감사절 저녁 식사에 초대한 자리에서 제 사위가 중국어 성경을 선물하였습니다. 이 부부는 성경을 한번도 본 적이 없다고 하면서 "우리가 미국에서 하고 싶은 또 한 가지 일은 바로 예수님에 대해서 더 잘 아는 것이에요"라고 말했습니다.

여러분 근처에 대학이 있습니까? 그렇다면 여러분도 이같이 전도할 수 있습니다.

• 아르마니아계 친구인 스티브 라자리안(Steve Lazarian)은 이곳 미국에서 매우 성공한 사업가로 다른 아르마니아계 미국인을 모아 팀을 이루어 아르마니아에 고아원과 기독교 방송을 지원하면서 아르마니아 복음화에 힘쓰고 있습니다. (얼마 전 이들 부부와 함께 타이완 사역지에 다녀오기도 하였습니다.)

여러분도 여러분의 고국 복음화에 힘쓰지 않겠습니까?

• 물질적으로 여유가 있습니까? 제 친구 피터 부부는 몇 개 단체를 세워
  세계를 다니며 어려운 단체들을 재정적으로 후원하고 있습니다.
  여러분이 가진 부를 나누지 않겠습니까?

• 중역의 위치에 계십니까?
  우리의 재정 담당관인 존 페리는 어떤 기독교 단체가 은행구좌로 후원
  금을 모금하고 있다고 알려 주었습니다.

  여러분이 가진 일부를 나누지 않겠습니까?

• 나눌 물질이 충분하지 않습니까?
  제가 아는 로스앤젤레스에 거주하는 80대 노인은 다른 사람들과 함께
  시장에서 남은 음식물을 모아 트럭에 실어 멕시코에 가서 예수님의 이
  름으로 나눠주고 계십니다.
  아마 여러분은 가난한 지역 근처에 사실지도 모릅니다.

  이 같은 일을 할 수 있습니까?

• 몇 년 동안 저희 장모님은 가르치고 있는 성경공부 구성원들과 성경공부가 끝나면 구호단체에 가서 나눠줄 물품 상자를 포장하고 고아들을 후원하는 일을 하고 계십니다.

여러분도 구호 단체에서 봉사해 보는 것은 어떻습니까?

• 애리조나 주에 있는 템프 복음 자유교회는 많은 물질과 기도와 인력으로 한 이슬람 국가를 돕고 있습니다.(안전의 이유로 국가 이름은 밝히지 못함을 이해하기 바랍니다.)

여러분의 교회를 통해 미개척 선교지나 개척교회를 돕지 않겠습니까?

• 의사, 변호사 같이 전문 분야에서 일하는 몇몇 성도들은 수개월 휴가를 내어 자비로 빈국 국민들을 돕기 위해 봉사를 갑니다.

여러분은 이 같은 일을 할 수 있는 전문가입니까?

• 지역 소매점 상인들이 조금씩 옷을 기부하여 가난한 이웃이나 해외 선교 단체에 보내고 있습니다.

보낼 수 있는 여분의 옷이 있습니까?

• 오래전 제 친구 딕슨(Al Dickson)은 죽기 전까지 지역 교도소에 가서 재소자들을 상담하며 복음을 전했습니다.

여러분도 이같이 할 수 있겠습니까?

• 단기로 해외 선교지에 가서 우물을 파거나 영어를 가르치거나 건물을 지을 많은 인력이 필요합니다.
또는 선교 단체에서 필요한 사무용품이나 물품들이 필요한데 이런 일들을 감당하지 않겠습니까?

• 선교 단체들이 기도와 후원을 필요로 합니다.
선교사님들을 후원하고 계십니까? 선교 소식지 구독을 요청하시어서 현재 어디서 어떤 일이 일어나고 있는지에, 어떻게 기도해야하는지에 관한 정보를 얻기를 권면합니다.

그리고 기도와 후원에 동참하지 않으시겠습니까?

• 선교 현장을 가보면 그곳에서 생을 바치고 계신 전문 선교사님들, 최근에 선교지에 도착한 중년의 선교사님들, 그리고 은퇴하고 오신 선교사님들이 그곳에서 존경받고 사랑받고 계신 것을 목격합니다.

성령님께서 여러분에게 거룩한 선교의 도전을 주고 계시지 않습니까? 여러분의 삶을 그곳에 바치지 않으시렵니까?

성령님께서 여러분의 배우자나 혹은 누구든 연관된 사람에게 도전을 주고 계시지는 않습니까?

여기 기독교 역사상 가장 위대한 찬송가 한 구절을 소개합니다.

예수 구원 선포 하시네

임마누엘의 이름으로

구원의 복음 전하라

먼 곳에서 고난을 극복하며

거기 샤론의 장미 심어라

하나님이 불기둥으로 너를 지키시리니

너의 맘속에 불타는 열망으로

성난 바람 잔잔하라고 명하라

소란이 고요하도록 잠잠케하라

우리의 모든 수고 끝날 때

마침내 우리 만나겠네

보혈의 피로 사함 받은 우리들

우리 주 예수 그리스도 만나겠네

• 14장 •
중요한 세 가지 원칙 지키기

지금까지 세 가지 원칙, 세 가지 우선순위를 말씀드렸습니다.

이 원칙들은 저의 아내, 앤이나 제가 만든, "오틀런드 가문"의 것이 아닙니다.

이 원칙들은 하나님 말씀의 핵심이라 할 수 있습니다!

요한복음 17장에 나타난 예수님의 기도를 보십시오. 이 장은 하나님과 그의 아들 예수님 간의 긴 토론의 놀라운 기록입니다.

그리고 하나님은 우리 인간들도 이 장에 참여할 수 있게 하셨습니다! 이 기록은 세상의 모든 기록에서도 볼 수 있는 것과는 다른 것입니다.

그렇다면 하나님이 그의 아들에게 이야기하실 때, 하나님이 말씀하시는 어떤 부분을 우리에게 알려주시길 원하신 것일까요? 하나님은 마음에 다음과 같은 세 가지 관심사를 두셨습니다.

- 1-5절: 하나님과 그 아들의 영광
- 6-19절: 성도들의 안녕
- 20-26절: 믿지 않는 자들에 대한 전도

사랑하는 여러분, 여러분들의 마음이 하나님과 합한다면, 보다 가치 있는 삶을 원한다면, 이 세 가지 원칙을 간과해서는 안 될 것입니다.

1. 삼위일체의 하나님을 사랑하고 그의 영광을 위하여 사십시오.
2. 다른 성도들을 사랑하고 돌보면서 친교를 나누십시오.
3. 가능한 모든 방법을 동원하여 믿지 않은 이들을 사랑하는 마음으로 전도하십시오.

요한복음 15장에는 십자가에 달리시기 전에 예수님이 제자들에게 하신 세 가지 명령에 대해 말하고 있습니다.

- 1-11절: 내 안에 거하라.
- 12-17절: 서로 사랑하라.
- 18-27절: 세상에 나가 증인이 되라.

이 세 가지 명령은 남녀노소를 불문한 모든 성도와 모든 교회를 비롯한 소모임과 선교 단체를 향하신 말씀입니다.

여러분이 어떠한 위치에 있던지 먼저 하나님을 사랑하고 이웃을 사랑하며 복음 전파에 힘쓰기를 바랍니다. 이 원칙들은 미국인들만이 아닌 전 세계 크리스천에게 해당되는 것입니다.

물론 이것이 모든 성도가 따라야 하는 모든 원칙을 세세히 제시해 주는 것은 아닙니다. 그러나 시간과 공간을 초월하여 성도가 나아가야 할 기본적인 방향을 제시해 주고 있습니다.

1981년 독일 페델바흐에서 설교했던 제 설교 노트에 이렇게 적혀 있습니다.

"이 원칙들은 신앙적으로 성숙하게 한다.

(1981년 이후 이 원칙에 따라서 살면서 나의 삶은 재정비되었다.) 예수 그리스도와 동행하는 삶이 미래를 예측할 수 있게 하는 것은 아니지만, 미래에 대한 두려움을 사라지게 한다."

이 글을 읽으면서 여러분의 가슴이 뛰고 "내 삶의 목표를 다시 세우고 삶에 대한 새로운 시각을 가지겠어. 내가 꿈꾸는 것보다 더 잘 해낼 수 있다고 믿어"라는 생각을 했을지도 모릅니다.

이렇듯 새로운 결심을 하기까지 이 책을 덮지 마십시오. 여러분의 꿈은 이룰 수 있습니다.

하나님 앞에 섰을 때, 기쁨으로 성실한 삶에 대한 상급을 받을 수 있습니다. (지금 이 순간이 끝이 아닙니다.)

> "이는 우리가 다 반드시 그리스도의 심판대 앞에 드러나 각각 선악간에 그 몸으로 행한 것을 따라 받으려 함이라"(고후 5:10)

인생은 한번 흘러가면 그만입니다.

그 누구도 시간을 거슬러 갈 수 없고 되돌릴 수 없습니다.

그래서 우리에게는 과거가 아닌 지금 이 순간부터만 존재합니다.

지금까지 여러분이 깨닫지 못한 것에 대해서 하나님은 답을 알려 주시겠다고 하셨습니다.

> "내가 소경을 그들이 알지 못하는 길로 이끌며 그들이 알지 못하는 첩경으로 인도하며 흑암으로 그 앞에 광명이 되게 하며 굽은 데를 곧게 할 것이라 내가 이 일을 행하여 그들을 버리지 아니하리니"(사 42:16)

크라이슬러 사의 전직 회장 아이아코카(Lee Iacocca)는 "가장 중요한 것은 중요한 일을 중요한 사항으로 유지시키는 것이다"라고 했습니다.

다소 불안하십니까?

광신자가 될까 염려스러우십니까?

조지 산타야나(George Santayana)는 "광신이란 목적을 잃고 노력을 배가시킬 때 생긴다"라고 했습니다.

우리의 목적은 하나님을 향한 것이어야 합니다.

하나님께 소망을 두고 여러분의 삶을 하나님 앞에 맡기기 바랍니다.

이것은 광신이 아니라 목적이 따르는 삶입니다.

> "십자가의 도가 멸망하는 자들에게는 미련한 것이요 구원을 얻는 우리에게는 하나님의 능력이라"(고전 1:18)

이제 기도하는 마음으로 다음의 두 가지 사항을 고려하면서 하나님과 여러분사이의 어떤 계획을 세우십시오.

첫째, 앞으로 무엇을 할 것인지 결정하십시오.

정말 간단하지 않습니까?

우선 세 가지 원칙 즉 하나님을 위해, 그리스도의 지체를 위해, 예수님이 죽기까지 사랑하신 세상을 위해 무엇을 하고 싶은지 결정하십시오.

보다 구체적으로 들어가 봅시다.

만약 인생의 목표에 대해 생각해 보고자 한다면, 다음 주는 여러분 인생에 있어서 매우 중요한 순간이 될 것입니다.

다음 주에 여러분의 꿈을 위해 준비를 해 나갈 첫 발을 내디딜 것이기 때문입니다.

상당히 힘든 일일 것입니다.

그러나 한편으로 생각해 보면 쉬운 일입니다.

종이 한 장을 꺼내서 먼저 세 가지 법칙을 적으십시오. 그리고 하나님의 목표 몇 가지와 교회의 목표, 그리고 여러분이 하고 있는 일에 관한 여러분 자신의 목표를 쓰십시오. 저는 여기 어떤 내용이 들어갈지 모르지만 하나님께 기도하면서 어떤 사항을 써야 할지 알아 낼 수 있을 것입니다.

여기에는 아마 교회에서의 예배, 매일의 성경공부와 기도가 포함될 것입니다. 그리고 성도간의 교재와 교회의 부흥, 전도, 나눔, 하고 있는 일에서의 성취 등이겠지요.

구체적으로 적으십시오.

이를테면, 이런 것들입니다.

- 매일 큐티를 하겠다.
- 십일조를 드리겠다.
- 진정한 예배 자세를 배우고 싶다.
- 세 명의 믿음의 형제, 자매들에게 매주 성경공부와 기도 모임을 제안하

고 싶다.

- 배우자와 적어도 일주일에 다섯 번은 함께 기도하는 시간을 갖겠다.
- 자녀들과 정기적으로 가정 예배를 드리고 싶다.
- 옆집 가정을 적어도 올해 말까지 전도하고 싶다.
- 이 책에 소개 된 선교 방법 중 하나를 택해 동참하고 싶다.

이제 각 항목 옆에 이 목표를 위해 이번 주에 무엇을 할 것인지 시간표를 만드십시오.

그리고 다음 주에도 이같은 계획표를 작성하십시오.

제 아내와 저는 에이비스(Avis) 렌트카("우리는 2등이다. 더 노력하자") 회장님이 쓴 소책자이지만 위대한 내용을 담은 「조직화」라는 책을 읽고 이런 계획표를 만들면서 많은 도움을 받았습니다.

처음 사장이 되었을 때 "목표를 재정비 해야겠다"라는 결심을 했다고 합니다.

(연필과 종이를 준비하여 "이제 내 인생의 목표를 다시 세워야겠어"라며 구체적으로 인생의 재정비에 들어가는 성도들은 거의 없을 것입니다.) 에이비스 사가 내세웠던 "운전자를 두지 않고 렌트카 업계에서 가장 수익을 많이 내며 가장 빨리 성장하는 회사가 되겠다"라는 목표를 달성하는 데 6개월이 걸렸다고 합니다.

이 목표를 사무실 곳곳에 눈에 잘 띄게 붙여 놓았습니다.

그리고 목표에 따라오지 못하는 지점은 과감히 폐쇄시켰습니다.

"목표에 방해가 되는 사항들을 제거하면서 오직 앞으로 정진하자"라며 사원들을 독려했습니다.

그리고는 우리 모두가 알다시피 업계의 신화가 된 것입니다.

제 아내와 저는 부부로서 함께 추구할 수 있는 가훈을 만들었습니다.

"우리의 목적은 하나님을 영화롭게 하고 하나님의 이름을 높여드리는 것이다" (시 34:3 참조)

"하나님께서 우리 둘에게 새로운 목적을 주셨으니 우리의 목적은 국내외 젊은 크리스천 지도자들을 훈련하여 하나님의 이름을 높이고 하나님의 뜻대로 사는 것이다"(행 13:36 참조)

저희 부부가 가끔 신혼부부를 위한 제자 훈련을 할 때, 젊은 부부들에게 자신들이 지키기 원하는 가훈을 적게 하고, 이것을 액자에 끼워 잘 보이는 데 걸어두라고 권고합니다.

둘째, 무엇을 하지 말아야 할지 결정하십시오.

모든 피조물은 중요하지 않은 것은 버리며 삽니다.

대부분 성도들은 과도한 스트레스를 받으며 바쁜 삶을 살고 있습니다.

어떤 흥미진진한 일을 제의받더라도 한숨을 쉬며 "못하겠는데. 정말 바쁘고 피곤하거든"하면서 거절할 수밖에 없습니다.

다시 말해서 "지금 너무 많은 일들로 정신없이 바빠"라는 뜻입니다.

이분들에게 필요한 것은 끊임없이 버리고 채우는 일을 반복하라는 것입니다.

"그런즉 누구든지 그리스도 안에 있으면 새로운 피조물이라 이전 것은 지나갔으니 보라 새것이 되었도다"(고후 5:17)

늘 생기 있고 민첩한 성도들에게 봉사할 수 있는 새로운 기회가 주어지면 "와! 하나님의 영광을 위한 일이군요. 이 일을 위해서 제가 무엇을 내려놓아야 할까요?"라고 말합니다.

사도행전 6장 말씀을 보면 지도자가 "가장 중요한 것을 하기 위해 무엇을 버려야 할까?"를 자문했을 때 교회가 빨리 성장했습니다.

즉 지도자들은 중요하지 않은 사항들을 다른 사람들에게 맡기고 자신들은 기도와 말씀에 더욱 힘썼던 것입니다.

중요하지 않은 것은 재빨리 버리고 보다 중요한 일에 매진하십시오.

여러분의 꿈을 이루기 위해 무엇을 버려야 할지 신중하게 생각해 보기 바랍니다.

> "운동장에서 달음질하는 자들이 다 달아날찌라도 오직 상 얻는 자는 하나인 줄
> 을 너희가 알지 못하느냐 너희도 얻도록 이와 같이 달음질하라 이기기를 다투
> 는 자마다 모든 일에 절제하나니 저희는 썩을 면류관을 얻고자 하되 우리는 썩
> 지 아니할 것을 얻고자 하노라"(고전 9:24-25)

여러분 중에는 아마 "지금 직장에서 너무 바빠서요. 한 10년 더 열심히 일
해서 승진하면 좀 나아지겠지요. 그런데 지금은 이렇게 열심히 일해야 하거
든요"이라고 말하시는 분도 계실 겁니다.

여러분이 만일 너무 바빠서 하나님을 위해 일 할 수 없고, 배우자의 부탁
을 들어줄 수 없고, 좋은 부모가 될 수 없다면, 그 일을 당장 그만두고 다른
일을 찾아보십시오.

전심 목회자를 제외하고 우리의 직업은 세 가지 원칙의 한 부분이 되어야
합니다.

즉 하나님과 다른 사람들을 위한 전업을 더 잘 해내기 위한 부업이 바로 크
리스천의 직업관입니다.

자, 이제 여러분이 지켜야 할 원칙과 삶의 목표를 적으셨습니까?

사실 누구나 이런 목록을 만들 수 있습니다.

마치 담배를 끊는 것과 같아서 목표를 세우는 것은 쉽지만 실제로 실천하

는 것은 어렵습니다.

그러나 중요한 것은 이 원칙들을 성취하기 위해서 무엇을 포기할 것이냐 하는 것입니다.

> "누구든지 공력이 불타면 해를 받으리니 그러나 자기는 구원을 얻되 불 가운데 서 얻은 것 같으리라"(고전 3:15)

교묘하게 우리의 영적인 힘을 갉아먹는 21세기 유혹들은 텔레비전, 바나나 크림파이, 안락의자, 신용카드 등과 같이 곳곳에 산재되어 있습니다.

성도인 우리들은 때로 승리하기도 하지만 순간의 잘못된 판단으로 넘어지기도 합니다.

이제 저와 함께 "주님, 제 인생을 기적으로 만들어 주세요"라고 기도합시다.

망망한 바다 한가운데서 배 한 척이
침몰하게 되었습니다.
모두들 구명보트에 옮겨 탔지만
한 사람이 보이지 않았습니다.
절박한 표정으로 안절부절 못하던 성난 무리 앞에
급히 달려 나온 그 선원이
꼭 쥐고 있던 손바닥을 펴 보이며 말했습니다.
"모두들 나침반을 잊고 나왔기에…"
분명, 나침반이 없었다면 그들은 끝없이 바다 위를
표류할 수밖에 없을 것입니다.

삶의 바다를 항해하는 모든 이들을 위하여
우리는 그 나침반의 역할을 하고 싶습니다.
우리를 구원하신 아름다운 주님을
21세기 문명의 이기(利器)를 통하여
널리 전하고 싶습니다.

우리 나침반 가족은
구원의 복음과 진리의 말씀을 전하며
당신의 믿음 성장과 삶을, 가정을, 증거를,
그리고 당신의 세계를 돕고 싶습니다.

그리스도 안에서
우리는 당신을 진실로 사랑합니다.

"하나님은 모든 사람이 구원을 받으며
진리를 아는 데 이르기를 원하시느니라."
(디모데전서 2장 4절)

인도하심

지 은 이 | 레이 오틀런드 & 앤 오틀런드 공저
발 행 인 | 김용호
발 행 처 | 나침반출판사

발 행 일 | 2007년 8월 20일

등 록 | 1980년 3월 18일 / 제 2-32호
주 소 | 110-616 서울 광화문 사서함 1641호
전 화 | 본 사 (02)2279-6321~3
영업부 (031)932-3205
팩 스 | 본 사 (02)2275-6003
영업부 (031)932-3207

홈 페 이 지 | **www.nabook.net**
이 메 일 | nabook@korea.com
nabook@nabook.net

ISBN 978-89-318-1364-7
책번호 가-1104

값은 뒷표지에 있습니다.

나침반출판사는 우리를 구원하신 아름다운 주님을
21세기 문명의 이기(利器)를 통하여 널리 전하고 싶습니다.